Ursula Häberli-Nef

Fit für das Leben – Fit für die Zukunft: Belastbare Kinder und Jugendliche

verlag mainz

Ursula Häberli-Nef

Belastbare Kinder und Jugendliche

Fit für das Leben – Fit für die Zukunft

verlag mainz
ratgeber
sachbücher

IMPRESSUM

1. Auflage 2023

Printed in Germany

Verlagsgruppe Mainz
Süsterfeldstraße 83
52072 Aachen

Gestaltung, Druck und Vertrieb:
Druck & Verlagshaus Mainz
Süsterfeldstraße 83
52072 Aachen
www.verlag-mainz.de

Umschlaggestaltung: Dietrich Betcher
Innenteilgestaltung: Yessin Saad

ISBN-10: 3-86317-066-0
ISBN-13: 978-3-86317-066-0

Dieses Buch möchte Ihnen die Möglichkeit geben, sich einen Überblick über verschiedene Themen zu verschaffen, die bei der Begleitung von Kindern eine Rolle spielen. Zusätzlich kann es auch Denkanstöße, wie Sie Ihre eigene Form in der Begleitung von Kindern entwickeln können, aufzeigen.

Es geht um die Frage: »Wer bin ich und wer ist mein Kind?«

Es geht um Grundsätzliches (»Was sind meine Ziele?«) und um die Frage: »Was ist mein Menschenbild und wie wirkt es sich im Alltag aus?«

Inhalt

Die Kinder von heute werden die Zukunft von morgen gestalten. Wie sie das tun werden, ist abhängig von den Bezugspersonen von heute.

U. H.

Zwei Dinge sollten Kinder von ihren Erziehungsverantwortlichen bekommen: Wurzeln und Flügel.

Johann Wolfgang von Goethe[1]

1 https://www.quotez.net/german/erziehung.htm

Gib einem Kind deine Hand

Gib einem Kind deine Hand
Steh noch einmal wie gebannt
Vor Winzigkeiten, die dir längst bekannt
Gib einem Kind deine Hand

Halt ein Kind in deinem Arm
Hilflos und wehrlos und warm
Und du wirst hilflos und wehrlos dabei
Halt dein Kind für Zauberei

Tröste ein Kind wenn es weint
Und was dir wichtig erscheint
Vor seinen Sorgen zählt das gar nicht mehr
Sorgen der Kinder sind schwer

Schenk einem Kind deine Zeit
Zuneigung und Zärtlichkeit
Tausch deinen Hass gegen Fröhlichkeit ein
Und wirst selbst wieder klein

Halt dein Kind auf deinen Knie
Und bald wird es dich erziehen
Wie wertlos wichtige Dinge oft sind
Lernst du erst von einem Kind

Zeig einem Kind selbst zu gehen
Auf eigenen Füßen zu stehen
Die ersten Schritte noch so ungelenk
Halt dein Kind für ein Geschenk

Dann lern du ihm nicht im Wege zu stehen
Lehre dein Kind, fort zu gehen[1]

---

1 Original: Prendre un enfant, gesungen von Nana Mouskouri. Musik: Yves Duteil. Text: Reinhard Mey. Übersetzung gesungen von Monika Martin. http://www.nanamouskouri.de/gibeinem.htm

Grüezi / Vorwort

Ich schaue im Deutschen Fernsehen die Sendung *Hart aber fair*. Thema: »Folgen der Inflation.« An einem Tisch sitzt eine große Familie: Vater, Mutter und fünf Kinder.

Der Vater arbeitet in einem sozialen Beruf. Auch die Mutter arbeitet in Teilarbeit. Doch die Rechnung geht nicht mehr auf, das Geld reicht nicht mehr. Deshalb ist die ganze Familie zusammengekommen und der Vater erklärt die Situation.

Kreative Ideen sind gefragt: Eine Tochter schlägt vor, einen Veggie-Tag pro Woche einzuführen. Die Jüngere findet, man könne Second-Hand einkaufen. Markenklamotten seien total uncool. Alle denken mit, alle wollen helfen. Die Stimmung ist ernst, aber herzlich.

Das Bild zeigt, dass wir uns in einer außergewöhnlichen Situation befinden. Eine Familie hat sich versammelt. Die Kinder stehen im Zentrum inmitten einer ernsten Situation.

Die Gruppe erlebe ich als Einheit, die Transparenz über die Thematik, die Kreativität und eine wertschätzende Stimmung fallen mir positiv auf. Spiegelt das Bild die Realität? Wie sieht Ihr Bild aus, wie geht es Ihren Kindern aktuell?

Wir können und dürfen die Augen nicht davor verschließen, dass es ein ernsthaftes Problem gibt: Viele Kinder und Jugendliche sind überfordert. Sie haben Ängste, sie sehen kaum Perspektiven für die Zukunft, sie verlieren den Boden unter den Füßen. Sie sind den gegenwärtigen Problemen nicht gewachsen, es fehlt ihnen die nötige Belastbarkeit.

Es ist mir bewusstgeworden, wie wichtig Belastbarkeit nicht nur für die Kinder, sondern für eine ganze Gesellschaft gerade in Krisenzeiten ist. Wir sind auf schwierige Situationen schlecht vorbereitet, weil es uns über viele Jahre so gut gegangen ist. Belastbar, was heißt das genau? Es ist wichtig, dies genau zu verstehen, nicht nur aus pädagogischer Sicht, sondern auch psychologisch und philosophisch betrachtet ist das Thema vielschichtig.

Mit der Symbolik »*Wurzeln und Flügel*« verbinde ich spontan einige Begriffe:

- Wurzeln: Urvertrauen, Struktur, Werte, Selbstbewusstsein
- Flügel: Loslassen Freiheit, Visionen, Flexibilität, Kreativität

Situationsanalyse

Hanna braucht Hilfe

Hanna hat den Lockdown nicht gut überstanden. Sie hat sich eingesperrt gefühlt und die Einschränkungen als ungerecht empfunden, sich und ihre Lage bedauert, tat sich schwer damit, ihre gewohnten Aktivitäten aufgeben zu müssen. Sie litt darunter, auf Dinge zu verzichten und ihren gewohnten Lebensstil nicht weiterführen zu können.

Schon vor der Pandemie hatte sie begonnen, sich abzukapseln. Sie findet die Schule uncool. *Das dumme Virus und die Politiker tragen die Schuld, dass es mir jetzt schlecht geht,* sagt sie. Das Essen schmeckt nicht und sie findet sich ohnehin zu dick. Die Partys, bei denen sie aktuell abhängen konnte, gibt es nicht mehr. Sie fühlt sich allein und unverstanden, sie lernt nicht mehr.

Ihre Eltern sind überfordert. Sie brauchen Hilfe, aber diese lässt auf sich warten. Ich lese, dass es zu wenig Therapie-Angebote in Kliniken und Ambulanz für Psychisch kranke Kinder gibt. Mir bereitet dies Sorge. Ich frage mich: *Was ist passiert?*

Belastende Faktoren

Ich reflektiere die Ereignisse der letzten Zeit: Wir haben eine Pandemie erlebt und den Ausbruch des Krieges in der Ukraine. In diesem Zusammenhang sind weitere Probleme hinzugekommen: Migration, Knappheit an Treibstoff, an Gas und eine Lebensmittelverteuerung. Wir erleben die Auswirkungen der Klimaveränderung: Dürre, Überschwemmungen, Hitze, Stürme. Dies alles verändert und beeinflusst unseren Alltag, unser Leben.

Die Kinder und Jugendlichen können das alles nicht einordnen und spüren die Verunsicherung einer ganzen Gesellschaft.

Nicht nur die Kinder und Jugendlichen müssen befähigt werden, um bei all diesen Problemen nicht unterzugehen. Wir stehen vor einer großen Herausforderung. Es geht aktuell um

Verzicht und Einschränkungen. Das ist deshalb schwierig, weil viele Kinder und Jugendliche dies nicht gewohnt sind, noch nie erlebt haben. Es gibt ein weiteres wichtiges Thema, das wir schon länger beobachten: Die Erwartungen an die Kinder und Jugendlichen sind extrem hoch. Die Akademisierung setzt sie unter Druck.

Psychische Erkrankungen durch Medienkonsum

Ein relevantes Thema in Bezug auf psychische Überforderung, Abhängigkeit und psychischer Überbelastung sind die Einflüsse und das Verhalten der Kinder und Jugendlichen in Bezug auf den Medienkonsum.[2]

Spielzeiten von mehr als dreißig Stunden pro Woche sind inzwischen normal. Immer mehr Deutsche sind Rechnerspielsüchtig. Oft erkennen Betroffene oder Angehörige ihre Sucht nicht, doch wer zu viel Zeit mit Gaming verbringt, leidet statistisch häufiger an Schlafstörungen, Fehlhaltungen oder sozialen Problemen.

Mobbing ist leider sehr verbreitet. Starke Kinder und Jugendliche haben es weniger nötig, andere zu hänseln, und die, welche meist aus Neid und Eifersucht gemobbt werden und belastbar sind, finden eher die Kraft, aus dieser Situation rauszukommen.

Außerdem vermittelt uns die Welt von Social Media oft ein falsches Bild von schlanken und schönen Menschen, die viel reisen und keine Probleme im Leben haben. Das ständige Vergleichen unseres Lebens mit dem von anderen fördert psychische Erkrankungen.

Die Meinungsbildung im Netz wird stark manipuliert. Instagram[3] funktioniert über einen Algorithmus. Meistens nutzen wir dieses Programm scrollend, das heißt, wir wischen durch die Timeline, bis ein Beitrag unser Interesse erweckt und wir

---

2 https://praxistipps.chip.de/social-media-die-5-groessten-gefahren-und-wie-sie-sich-schuetzen_118746

3 https://2punkt.at/blog/4-dinge-die-du-ueber-den-instagram-algorithmus-wissen-solltest/

innehalten, um den Beitrag anzuschauen. Diese Interaktionszeit misst Instagram und deutet die Verweildauer auf dem Post als weiteres Zeichen für Relevanz.

Das bedeutet: Die Verweildauer auf einem Post beeinflusst, mit welchen Themen man dann vorzugsweise bedient wird. Auf diese Weise kann man schnell in einer Blase landen, in der eine Thematik einseitig kommentiert wird. Zum Beispiel: Wenn man Posts anklickt, die den Krieg in der Ukraine als Verschulden des Westens sehen, wird man anschließend ausschließlich mit Kommentaren beliefert, welche dies auch so sehen. So denkt man immer mehr, dass dies die Wahrheit ist. Und dies nur, weil man sich längere Zeit bei diesem Kommentar aufgehalten hat.

Im Netz findet man eine Menge an Informationen. Was ist Wahrheit, was ist Lüge? Wem kann man vertrauen?

Die Beantwortung ist keine einfache Sache! Was für die einen Wahrheit ist, ist für andere eine Lüge. Kinder sollten lernen, damit umzugehen. Sie sollten die Möglichkeit haben, sich selbst ein Bild machen zu können, denn auch Kinder haben oft ihre ganz eigene Meinung, die es ernst zu nehmen gilt. Neben positivem Denken und Vertrauen sind auch manchmal Misstrauen und Vorsicht angesagt.

Der Schul-Stress[4]

Die Zeit, in der Eltern Kindern eine Standpauke hielten, wenn sie mit schlechten Noten nach Hause kamen, sind vorbei. Es besteht aber ein diffuser, nicht offen gelegter Druck, der sich hinter dem Deckmantel der Sorge versteckt.

Mental versichern Eltern, dass ihr Kind nicht unbedingt das Gymnasium besuchen muss, aber in der Realität sieht das dann so aus: Kinder werden vor Prüfungen stundenlang abgehört. Das geschieht aus ihrer Sicht aus Fürsorge, weil die Eltern es gut meinen. Das Kind spürt aber, dass man ihm

4 https://www.mit-kindern-lernen.ch/lernen-kinder/pruefungsaengste-und-schulaengste-bewaeltigen/341-wir-machen-keinen-druck-elterliche-sorgen

nicht vertraut. Die Kinder sagen, ihre Eltern würden Noten gar nicht so wichtig nehmen, aber sie selbst seien es, die sich den Stress machten.

Die Eltern beteuern, dass sie keinen Druck ausüben möchten, weil sie wissen, wie schädlich das ist, und dass sie sich nur Sorgen machen.

Entscheidend ist nicht nur, ob man als Eltern Druck macht, sondern vor allem auch, ob man selbst unter Druck steht, ob einen dauernde Zukunftsängste plagen.

Die Kinder registrieren, dass ihre Bezugspersonen vor Prüfungen und deren Resultat extrem angespannt sind. Das sind widersprüchliche Botschaften, die ausgesendet werden. Die Sorgen der Bezugspersonen haben eine toxische Wirkung, der die Kinder sich nicht entziehen können. Die Bezugspersonen haben Angst, dass ihre Kinder die Zukunft nicht packen. Der Fokus richtet sich schwerpunkmäßig auf den Schulerfolg.

Nicht das Kind als Persönlichkeit, sondern die schulischen Leistungen und Noten werden als Garant betrachtet, ob es die Zukunft meistern wird oder nicht. Erziehungsverantwortliche könne es kaum ertragen, wenn ihre Kinder Tanzen, Musik hören, trödeln. Sie verweisen diese sanft, aber intensiv darauf, dass Lernen angesagt ist.

Ich möchte dazu ein Beispiel schildern: Als einer unserer Söhne vor dem Abitur stand, fragte er, ob er, genau wie sein Freund, der das von seinen Eltern verordnet bekommen hatte, zu Hause bleiben und lernen sollte, anstatt mit seiner Jugendgruppe das Wochenende im Wald zu verbringen und eine Pause zu machen.

Ich sagte: »Nein, mach das auf keinen Fall! Geh in den Wald mit deiner Gruppe, lüfte deinen Kopf, genieße es.« Um nachhaltig lernen zu können, braucht es eine ausgeglichene Balance der inneren Spannung. Es ist wie einatmen und ausatmen. Man kann nicht dauernd nur ein- oder ausatmen.

Er war etwas erstaunt, aber fand es einleuchtend. Es erwies sich als gute Idee, mit der Gruppe weiter zu machen, denn unser Sohn schloss von seinem Jahrgang mit dem besten Abitur / der besten Matura ab.

Es ist auch ein Optimierungswahn zu beobachten: Kinder lernen mit drei Jahren chinesisch und gehen in eine Zweisprachige Kita. Diese einseitige Gewichtung vernachlässigt es, den ganzheitlichen Bedürfnissen und Begabungen der Kinder und Jugendlichen Rechnung zu tragen. Kinder mit einem Migrationshintergrund haben andere Probleme: Sie werden oft zu wenig gefördert und haben keine optimalen Bedingungen, einen Beruf, der ihren Begabungen entsprechen würde, zu erlernen.

Es kann so nicht weitergehen

Wir werden in vielerlei Hinsicht zum Um- und Nachdenken gezwungen. Wie es weitergeht, wissen wir nicht. Worauf müssen wir uns einstellen? Aktuell sind die Menschen gefordert, im Krisenmodus zu agieren. Wie sollen wir das schaffen? Lamentieren oder jammern zeugt nicht von Belastbarkeit.

Was müssen wir tun? Wir stellen die Frage nach den Bedürfnissen bei Kindern und Jugendlichen und welche Kompetenzen sie benötigen, damit es ihnen bessergeht.

Wir stellen Fragen nach dem Rollenverhalten der Erziehungs- und Bildungsverantwortlichen. Wir stellen auch Fragen zu Erziehungs- und Bildungskonzepten.

Man kann die Probleme und die Krisensituation nicht wegzaubern, aber wir könnten unseren Kindern und Jugendlichen bessere Werkzeuge mit auf den Weg geben, damit sie mit den aktuellen Problemen besser zurechtkommen: Sie sollten belastbarer sein. Ihren Bedürfnissen muss Rechnung getragen werden und personelle Kompetenzen müssen erworben und gestärkt werden.

Erziehungs- und Bildungskonzepte und -Angebote müssen Kindgerecht sein. Unsere ganze Gesellschaft, nicht nur unsere Kinder, sollte idealerweise widerstandsfähig, lebenstüchtig, belastbar sein.

Expedition Leben: Gedanken zur Situation

Im Leben kommt es nicht darauf an, ein gutes Blatt in der Hand zu haben, sondern mit schlechten Karten gut zu spielen.

Robert Louis Stevenson[5]

Prioritäten setzen

Nach der Situations- und Bedürfnisanalyse möchte ich einige grundsätzliche Gedanken zur aktuellen Lage anbringen: Mit dem Krieg in der Ukraine hat eine relativ heile Welt Risse bekommen. Wir alle sind verunsichert. Trotzdem – oder gerade deshalb – müssen wir unsere Energie darauf konzentrieren, die Hoffnung auf ein friedvolles Zusammenleben nicht aufzugeben und daran zu arbeiten.

Wir sind, wie erwähnt, gezwungen, uns Veränderungen anzupassen. Wie soll man mit diesen umgehen? Kann man sie als Chance nutzen? Wehrt man sich dagegen? Wird man aggressiv? Lässt man sich mutlos fallen? Es ist, als wenn man sich auf eine Expedition aufmachen würde: Für jene, die gut vorbereitet sind und den Rucksack für alle Eventualitäten gepackt haben, wird es einfacher. Für sie wird die Reise zu einem Abenteuer. Für die anderen zum Desaster.

Wir alle sind gefordert, das Beste aus der Situation zu machen. Kinder spiegeln uns, wir können ihnen nichts vormachen. Die Erziehungsverantwortlichen stehen in der Pflicht, auf Veränderungen zu reagieren.

In einer erschwerten Situation, in welcher wir uns aus verschiedenen Gründen befinden, ist es für Erziehungsverantwortliche extrem wichtig, Prioritäten zu setzen. Die Kinder sind die schwächsten Glieder einer Gesellschaft. Worauf muss man verstärkt achten, damit es ihnen gut geht? Erstens

5 https://www.aphorismen.de/zitat/10587

müssen wir verhindern, dass sie den Eindruck erhalten, dass das Ende der Welt naht, und zweitens müssen wir sie engmaschig begleiten.

Ich habe gehört, dass Bademeister beobachten, dass sich immer mehr kleinere Kinder allein in Schwimmbädern tummeln. Die Bezugspersonen sind gar nicht da oder dermaßen in ihr Handy vertieft, dass sie ihre Kinder vergessen. Eine verrückte Zeit: Die einen verlieren ihre Kinder aus den Augen und die anderen überwachen sie rund um die Uhr!

Verantwortung

Die Erwachsenen können die Begleitung von Kindern und Jugendlichen nicht getrennt von ihrem eigenen Verhalten betrachten. Die Frage, was wir ihnen vermitteln, steht weiterhin im Zentrum. Wenn es für Erziehungsverantwortliche möglich ist, positive Seiten in schwierigen Zeiten zu sehen, Abstand und Ruhe zu finden, wird sich dies auf die Kinder positiv auswirken. Wenn wir wertschätzend kommunizieren, werden dies auch die Kinder tun. Die Bezugspersonen stehen in der Pflicht und Verantwortung. Das ist so leicht dahergesagt.

Der Druck auf die Kinder darf nicht noch steigen! Sie brauchen Zeit und Gefäße für Erholung, um sich mit all den Ereignissen zurechtzufinden. Der Schulstoff steht jetzt nicht im Zentrum, sondern soziale, kommunikative, kreative und sinnfindende Projekte.

Kinder müssen zuversichtlich in ihre Zukunft schauen können. Man muss ihre Neugier und Begeisterung für Themen wecken.

Ich wünsche mir, dass in die Bildung mindestens so viel wie in Militär und Rüstung investiert wird. Diese ist das wichtigste Werkzeug, um Vorurteile, Arbeitslosigkeit und Hunger aus der Welt zu schaffen, und sie gilt als der entscheidende Faktor, wenn es den Herausforderungen der Zukunft entgegenzutreten gilt. Dementsprechend hoch ist ihr Wert anzusiedeln.[6] Die Erziehungsverantwortlichen müssen Kindern

6 https://www.bildungsxperten.net/wissen/welchen-wert-hat-bildung/

dabei helfen, sich zu starken Persönlichkeiten zu entwickeln, denn auch das ist im Alltag wichtig.

Pragmatismus statt Polarisierung

Mit dem Fortschreiten der Sparmaßnahmen und der Inflation werden leider zwangsläufig neue Herausforderungen auf uns zukommen. Es kommt auch noch hinzu, dass extreme Situationen polarisieren.

Wenn in einer Gesellschaft Themen wie das Virus derart einschneidende Maßnahmen hervorrufen und diese derart stark polarisieren, geht das nicht spurlos an den Kindern vorbei. Ich denke manchmal, dass die sich verordneten Maßnahmen wie z. B. die Schließung der Schulen eventuell weniger schlimm auf sie ausgewirkt haben als das Seilziehen um diese unter den Erwachsenen. Wobei ich die Schulschließungen sehr problematisch fand. Die Kinder waren mittendrin und diesem Hin- und Herreißen ausgeliefert. Ich kann nicht abschätzen, wie oft Kinder und Jugendliche zu all dem überhaupt etwas sagen konnten und auch gehört wurden.

Wie schon erwähnt, man hat das bei der Pandemie drastisch erlebt. Es werden auch weitere Themen dazukommen. Das kann vor den Kindern nicht verborgen bleiben.

Wie sollen sie damit umgehen, wenn die Oma nicht mehr mit dem Papa spricht, weil sie sich nicht mehr verstehen und jeder davon ausgeht, dass seine eigene Meinung die richtige ist? Man denke daran: Es ist immer eine *subjektive* Wahrnehmung, eine subjektive Wahrheit. Menschen möchten eine klare Lösung des Problems, Sicherheit, die es aus guten Gründen nicht gibt. Aber das schaffen viele nicht. Sie suchen Schuldige, weil sie selbst nicht genug belastbar sind.

In Zeiten von Wirren kommt es aber gerade darauf an, ob man einen kühlen Kopf bewahren kann. Emotionen in komplexen Situationen sind verständlich. Trotzdem bringen sie uns nicht viel weiter. Distanz und die Einsicht, dass niemand die Wahrheit für sich in Anspruch nehmen kann, sind in diesen Zeiten mehr gefordert denn je.

Was bringt es, wenn sich die Menschen in Zeiten der allgegenwärtigen Überforderung gegenseitig zerfleischen? Das Resultat ist Rechthaberei und Hass. Was macht das mit den Kindern? Kein Wunder, wenn sie krank werden. Wir müssen gegensteuern!

Nebst Belastbarkeit sind Toleranz und eine Portion Pragmatismus gefordert.

Das bedeutet: Wir müssen auf Tatsachen bezogen praktisch handeln, vorwärtsschauen und vorwärts machen. Wir haben keine Zeit für Feindseligkeiten! Jetzt geht es darum, gemeinsame Nenner zu suchen.

Dies ist auch der Ansatz für Erziehungsverantwortliche, die ihren Kindern ein Vorbild sein möchten: Denn wenn die Kinder mitbekommen, dass ihre Erziehungsverantwortlichen aktiv und konstruktiv Lösungen suchen, fühlen sie sich sicher.

Das gelingt nur, wenn man sich nicht gegenseitig Knüppel zwischen die Beine wirft. Im Gegeneinander verliert man wertvolle Zeit und Kräfte. Es sind Synergien und Zusammenarbeit gefragt: Die unterschiedlichen Ressourcen sollten ergänzend eingesetzt werden und wirken. Die Frage stellt sich: Wer ist wo stark, wer kann was einbringen?

Wo man sich nicht einigen kann, versucht man individuelle Lösungen zu treffen und diese zu akzeptieren. Das zählt nicht nur in einer Partnerschaft, sondern ebenso in der Familie, ja in der ganzen Gesellschaft.

Visionäre Gedanken

In der Zusammenarbeit verschiedener unterschiedlicher Gremien und Gruppierungen, dem Einbezug der Kinder und Jugendlichen sehe ich großes Potenzial, um neue und angepasste Lösungen zu erarbeiten. Wir alle träumten vom Frieden und erleben einen Albtraum mit dem Krieg in der Ukraine. Er brach im Februar 2022 aus.

Könnte es sein, dass wir für diese Herausforderungen nicht genug gewappnet sind? Eine Gesellschaft braucht nicht in erster Linie Waffen zur Verteidigung. Eine Gesellschaft muss zusammenstehen und wissen, für welche Werte man einsteht.

Die Erziehungsverantwortlichen stehen vor einer großen Aufgabe. Aber sie können nicht allein die ganze Verantwortung tragen! Man müsste vielleicht ganz neue Ansätze in Erwägung ziehen. Eine interessante Idee zu einer nachhaltigen Landesverteidigung, die auch in der Schweiz zu überlegen wäre, lese ich bei T-Online in einem Text von Florian Harms:

> *»Eine moderne Gesellschaft beschränkt eine Dienstpflicht nicht auf den Gebrauch von Waffen. Eine moderne Gesellschaft begreift, dass sie nur dann wehrhaft gegen äußere und innere Feinde ist, nur dann vital und stabil bleibt, wenn alle Bürger sich aktiv für sie einsetzen. Deshalb ist es höchste Zeit, ein verpflichtendes Dienstjahr für alle jungen Menschen einzuführen.«*

Ein verpflichtender Dienst unterstützt nicht nur überlebensnotwendige Institutionen unseres Landes, er kann auch ein entscheidender Baustein in der Persönlichkeitsentwicklung sein. Ob in der Bundeswehr, im Krankenhaus, im Seniorenheim, in der Kita oder im Jugendzentrum: Alle jungen Menschen sollten nach der Schule einen Dienst absolvieren, beginnend mit einem Bildungsseminar, in dem sie die Grundlagen der deutschen Demokratie erlernen – Gewaltenteilung, Rechtsstaat, politische Beteiligungsmöglichkeiten, Medienkompetenz. Anschließend folgt praktische Arbeit in einer Sozialeinrichtung oder bei der Armee[7].

7 https://www.t-online.de/nachrichten/id_92280674/nach-sondervermoegen-fuer-die-bundeswehr-dienstpflicht-fuer-alle-deutschen.html

Das wäre eine gute Sache, um nebst vielen anderen Maßnahmen die Lebenstauglichkeit und Belastbarkeit von Jugendlichen zu stärken! Ich kann mir auch vorstellen, dass die Solidarität und der Zusammenhalt unter den Menschen gestärkt würden.

Kinder begleiten

Die Aufgabe der Umgebung ist nicht, das Kind zu formen, sondern ihm zu erlauben, sich zu offenbaren.

Maria Montessori[8]

Die Entwicklung des Kindes

Um der Thematik »Kinder begleiten« gerecht zu werden, sollte man sich unbedingt anhand von Fachliteratur einen Überblick über die Entwicklung des Kindes verschaffen. Dazu kann ich Ihnen den Beitrag *Entwicklungspsychologische Grundlagen der frühen Kindheit und frühpädagogische Konsequenzen*[9] von Hartmut Kasten empfehlen. Es ist auch eine gute Idee, die Bücher des Schweizer Kinderarztes Remo Largo als Grundlage zu lesen.[10]

Die Entwicklung ist die eine wichtige Thematik, die all den weitern Überlegungen zugrunde liegt. Vorliegend geht es um die Frage: »Wohin gehen wir – wie sehen wir die Menschen der Zukunft?«

Das erste ist: Kinder sollen in unserer Gesellschaft deutlich besser wahrgenommen werden! Die Frage in diesem Zusammenhang muss sich damit beschäftigen, was uns weiterbringt, und zwar nicht vor allem realpolitisch, sondern gesellschaftspolitisch![11] Wir leben in einer Demokratie und fragen uns, wie die Kinder darauf vorbereitet sein sollen. Während der Pandemie haben auch sie Polarisierung und Rechthaberei miterlebt. Sie sollten aber lernen, dass Probleme so nicht zu lösen sind. Bedenken wir: Die Familie ist die kleinste Zelle der Demokratie

---

8 https://www.zitate.eu/autor/dr-maria-montessori-zitate/75162

9 https://www.kita-fachtexte.de/fileadmin/Redaktion/Publikationen/KiTaFT_kasten_2014.pdf

10 https://www.piper.de/autoren/remo-h-largo-99

11 Vgl. https://de.wikipedia.org/wiki/Gesellschaftspolitik

und sie braucht Vorbilder. Während der Pandemie haben wir spätestens erkannt: Es ist oft nicht möglich, alle auftauchenden Probleme zu lösen. Oft muss man es aushalten, dass sie da sind. Das ist nicht einfach, aber die Grundlage für Belastbarkeit.

Jedes Kind der Welt hat ein Recht darauf, gesund und sicher aufzuwachsen, sein Potenzial zu entfalten, angehört und ernst genommen zu werden. So hat es die Uno-Generalversammlung vor dreißig Jahren in der Konvention über die Rechte des Kindes festgeschrieben.

Am 20. November 1989 verabschiedete die Generalversammlung der Vereinten Nationen die UN-Konvention über die Rechte des Kindes. Erstmals erhielten damit alle Kinder der Welt Rechte – auf Überleben, Entwicklung, Schutz und Beteiligung. Damals habe ich das Buch *Die Rechte des Kindes*[12] gekauft. Das Buch beschreibt eindrücklich, wie Kinder beschützt und gefördert werden sollten. Seit diesem ersten Buch gibt es eine große Anzahl von Publikationen über dieses Thema.

Kinderrechte in Kürze

- Recht auf Gleichheit
- Recht auf Gesundheit
- Recht auf Bildung
- Recht auf Spiel und Freizeit
- Recht auf freie Meinungsäußerung und Beteiligung
- Recht auf Schutz vor Gewalt
- Recht auf Zugang zu den Medien
- Recht auf Schutz der Privatsphäre und Würde
- Recht auf Schutz im Krieg und auf der Flucht
- Recht auf besondere Fürsorge und Förderung bei Behinderung[13]

---

12 Heilmann, Stefan; Lack, Katrin (Hrsg.): Die Rechte des Kindes. Festschrift für Ludwig Salgo zum 70. Geburtstag. Köln. Revugis, 2016.

13 https://www.ms.niedersachsen.de/startseite/jugend_familie/familien_kinder_und_jugendliche/kinder_jugendliche/kinderhabenrechtepreis/die-10-wichtigsten-kinderrechte-kurz-vorgestellt-133628.html

Die Bedürfnisse der Kinder und Jugendlichen

Belastbare Kinder sind glückliche Kinder.[14] Der amerikanische Kinderarzt T. Berry Brazelton und der Kinderpsychiater Stanley Greenspan unterscheiden sieben Grundbedürfnisse, deren Befriedigung Voraussetzung für eine glückliche Entwicklung der Kinder ist:

- Das Bedürfnis nach beständigenden, liebevollen Beziehungen.
- Das Bedürfnis nach körperlicher Unversehrtheit und Sicherheit.
- Das Bedürfnis nach individuellen Erfahrungen.
- Das Bedürfnis nach entwicklungsgerechten Erfahrungen.
- Das Bedürfnis nach Grenzen und Strukturen.
- Das Bedürfnis nach stabilen und unterstützenden Gemeinschaften.
- Das Bedürfnis nach einer sicheren Zukunft für die Menschheit.
- Der Wunsch nach Nähe zu vertrauten Personen und das Bedürfnis nach Sicherheit und Schutz gehören ebenso dazu wie der Drang, Neues zu erleben und die Welt zu erkunden.
- Ich möchte noch das Bedürfnis nach Spiritualität und Sinnfindung anfügen.

Für die Gestaltung und Umsetzung einer bedürfnisgerechten, kompetenzorientierten Erziehung und Bildung sind die Bildungspolitik und die Erziehungsverantwortlichen mit Einbezug der Kinder und Jugendlichen verantwortlich.

---

14 https://www.bielefeld.de/sites/default/files/dokumente/Was-Kinderbrauchen_Internetneu.pdf

Belastbarkeit: Erforderliche Kompetenzen

Belastbarkeit erfordert vor allem personelle Kompetenzen:

- Positive Selbstwahrnehmung
- Realistischer Positivismus
- Selbstbewusstsein
- Selbsteinschätzung
- Anpassungsfähigkeit
- Verantwortungsbewusstsein
- Lernbereitschaft
- Frustrationstoleranz
- Kreativität
- Eigenmotivation
- Durchsetzungsvermögen
- Entscheidungsfähigkeit
- Emotionale Intelligenz
- Konstruktives Problemlösungsverhalten

Die Kompetenzen werden im Alltag in den verschiedensten Situationen in der Interaktion mit Menschen und in der Auseinandersetzung mit Material bei Erlebnissen und Erfahrungen aller Art erworben.

Entfaltung statt Erwartungsdruck

> *Kinder kommen nicht auf die Welt, um unseren Vorstellungen zu entsprechen. Persönlichkeit braucht Raum zur Entfaltung, statt Begrenzung und Erwartungsdruck.*
>
> Sandra Warsewicz[15]

Spielen, Singen, Musizieren, Tanzen, Gestalten

Ich setze einen Kontrapunkt zu Sorgen, Unsicherheit und Druck: Die Idee der Entfaltung, der Freude und der Entspannung durch das Spiel, einem Grundbedürfnis des Menschen.

Es stellt das Gegengewicht zu Ängsten, Sorgen und Frust dar, ist Leichtigkeit, Fröhlichkeit, Sinnhaftigkeit, Lebensfreude und Überlebensfähigkeit und bietet eine Verschnaufpause. Mit dem Abstand, den man dadurch gewinnt, kann Vieles relativiert werden. Im besten Fall können Kinder neue Kräfte tanken und sind deshalb wieder belastbarer. Spielmöglichkeiten gibt es in sehr vielen Varianten und Formen. Viele Spiele machen Spaß und deshalb lachen wir auch unbeschwert dabei, was sehr heilsam ist.

Spielen ist vielfach kostengünstig. Das Material besteht oft aus Dingen aus dem Haushalt. Folgende Spiele benötigen zum Beispiel gar kein Material:

- Menschenmemory
- Farben Ticken
- Blinde Kuh
- Topfschlagen
- Verstecken mit Anschlagen
- Mord im Hotel

15 https://www.sandra-warsewicz.de/2020/04/11/die-schönsten-zitate-bildung-erziehung-entwicklung/

Gesellschaftsspiele können ein gemeinsames Erlebnis für eine Gruppe sein. Aber nicht alle Kinder vertragen es, zu verlieren, und somit ist das Spiel für sie kein Vergnügen. Viele Spiele, z. B. mit dem Ball, fördern Geschicklichkeit und Reaktionsvermögen.

Leichtigkeit und Lebenstüchtigkeit scheinen einander auf den ersten Blick auszuschließen, aber es ist erwiesen, dass Kinder im Spiel auf eine unbeschwerte Weise viele Erfahrungen ohne Leistungsdruck machen. Sie sind prägend für das ganze Leben.

Den Begriff Spiel kennen die Kinder vor allem auf Englisch: *Game*. Das ist aber nur eine spezifische Form von Spiel, nämlich an Computer und Konsole. Spiele, welche alle Sinne, den ganzen Menschen in Bann ziehen, sollten wieder ins Zentrum rücken: Kinder sollten viel mehr offline sein, denn da spielt das echte Leben!

Früher schrieb man dem Spiel keinen Wert zu. Aber in den letzten Jahrzehnten wissen auch viele Erziehungsverantwortliche, dass Spielen Lernen ist und der Vorschulbereich eine zentrale Funktion in diesem Zusammenhang hat. Denn: Das Hirn muss stimuliert werden. Trotzdem kommt aber das Spiel viel zu kurz. Vor allem die Vielseitigkeit der Spielmöglichkeiten ist aus meiner Sicht ungenügend. Ich beobachte auch eine Tendenz, dass Spielen bis zu einem Alter von circa drei bis vier Jahren okay ist und dann abstraktes Lernen vermehrt zum Einsatz kommt. So werden Kinder viel zu früh erwachsen. Das kindliche Spiel ist ursprünglich zweckungebunden.

Das Kind lebt im Sein. Es vergisst alles um sich herum. Das ist auch bei manchen kreativ arbeitenden Menschen der Fall, vor allem, wenn das Ziel offenbleibt. »Die Hirnforscher sind sich sicher: Die Stimulation der emotionalen Zentren ist wichtiger als der Wissensstoff, weil Gefühle der entscheidende Impuls für alle Lernprozesse sind. Die Kinder und Jugendlichen müssen die Chance haben, sich als Entdecker und Gestalter ihrer Welt zu fühlen.«[16]

---

16 https://www.vssg.ch/public/upload/assets/353/100000_Leitfad_Bewegraeume_Muenchen.pdf

Analysieren Sie Spielangebote: Ist es zweckfrei? Ist das Spiel dem Alter angepasst? Welche Sinneskanäle werden gefördert? Welche Lernerfahrungen werden im weitesten Sinne gemacht? Welche Kompetenzen werden gefördert?

Man kann grob zwei verschiedene Spielarten unterscheiden: Zweckungebundene und zweckgebundene.

Wobei es manchmal von der einen Form zur anderen einen Wechsel geben kann.

Zweckungebundene Spiele sind vor allem bei kleinen Kindern zu beobachten:

- Funktionsspiele
- Konstruktionsspiele
- Rollenspiele
- Ballspiele
- Spielen mit Sand
- Symbolspiel
- Spielen mit Waldmaterial
- Kneten oder malen
- Fußballspielen (ohne das Gewicht auf Tore zu legen)

Zweckungebundene Spiele wie Rollenspiel, Malen oder Kneten wirken therapeutisch und können auch bei größeren Kindern dazu beitragen, Traumen zu verarbeiten.

Zweckgebundene Spiele.

Dies betrifft alle Lernspiele und Spiele, die ein Ziel verfolgen, alle Spiele, bei denen es um das Gewinnen, um eine vorgegebene Lösung oder um das Resultat geht.

Größere Kinder konstruieren gerne nach Plänen, was auch spielerisch geschieht. Spielen generell, gerade da, wo es im Austausch mit Bezugspersonen stattfindet, kann die Beziehung festigen. In Gruppen werden generell soziale Kompetenzen erworben.

Auch größere Kinder sollten zweckungebundenen Dinge erleben können. Das sind z. B. Partys, wo man lachen und tanzen kann, oder gestalterische Formen in der Musik beim Improvisieren, Singen oder auch beim Experimentieren mit verschiedenen Materialien wie Bastelpapier, Holz, Stein, Ton und Glas, oder aber auch, indem sie Versuche im Bereich der Chemie, Physik und Statik, Erfahrungen im Garten und beim Kochen machen können.

Beim Spielen und Gestalten entwickelt ein Kind zahlreiche Fähigkeiten und Fertigkeiten, die wichtig für eine erfolgreiche Lebensgestaltung sind. Durch das aktive Tun im Spiel machen sie Erfahrungen und lernen die Welt, in der sie leben, immer besser kennen. Im Spiel können auch Zusammenhänge und Kausalitäten (Ursache und Wirkung) entdeckt werden. Kinder und Jugendliche sollten weniger konsumieren und mehr Aktivität entfalten können.

»Anfassen – erfassen«.[17] Das stärkt das Selbstbewusstsein. Das Kind entwickelt in all diesen Formen Selbstwertgefühl, Selbstbestätigung und Selbstvertrauen sowie Denkfähigkeit und Kreativität. Das Spiel ist ein Kulturbildender Faktor und die Grundlage von Kunst!

Ob und wofür sich Kinder begeistern, hängt vor allem an der Unterstützung der Bezugspersonen und der Beschaffung von Rahmenbedingungen. Setzen Sie sich ein, dass Spielen, Singen, Musizieren auch in den Schulen mehr Gewicht erhält. Lassen Sie Ihre Kinder im Internet nach Spielideen suchen und unterstützen Sie sie dabei!

Multipler Wert

Spielen, Singen, Musizieren, Tanzen oder Gestalten beinhalten einen multiplen Wert. Aufgrund der Panik vor den PISA-Ergebnissen und wegen Sparmaßnahmen sind an vielen Orten musische Fächer aus dem Stundenplan gestrichen worden. Einfach nur etwas zu malen sei unbedeutend für den beruf-

17 Häberli-Nef, Ursula: Lesen macht sich bezahlt. Aachen. Verlag Mainz, 2021. S. 100

lichen Werdegang – dieser Meinung sind offenbar viele Menschen. Doch stimmt das?

Ich lese in einem Bericht der Feversham-Grundschule Bradford:

> *»Kunstunterricht ist sogar sehr wertvoll für Kinder – und nicht nur, weil es sie entspannt. Zum einen sind Zeichnen, Werken und Gestalten toll für die körperliche Koordination und motorische Fähigkeiten. Zum anderen stärkt das künstlerische Arbeiten auch andere wichtige Kompetenzen: eigene Entscheidungen fällen, einen Plan machen und eigene, kreative Lösungen finden. Also lauter Talente, die uns später im Leben immer wieder weiterhelfen. Nicht nur im Job!«*[18]

Wie das Spiel sind Tanzen, Singen und Gestalten wertvolle und sinnfindende Aktivitäten, die zur Lebensfreude einen wichtigen Beitrag leisten, dies ist auch andernorts erprobt und erwiesen. So ist beispielsweise der musische Wert des Musizierens großartig. Es sind vor allem die erhabenen Empfindungen aus dem freudvollen Musizieren, was sich hervorragend auf die Psyche und deren Ausgleichung auswirkt.

Die Feversham-Schule hat vor Jahren die musischen Fächer aufgestockt. Das Ergebnis war, dass nach einiger Zeit die Schüler*innen in allen Fächern sehr viel besser abschnitten.[19]

Denn diese musischen Angebote ermöglichen nebst Freude, Entspannung und Erfolgserlebnissen ein exzellentes Hirnjogging.

---

18 https://www.brigitte.de/familie/schlau-werden/schulfaecher--warum-kunst-und-musik-so-wichtig-sind-11031770.html

19 Vgl https://www.brigitte.de/familie/schlau-werden/schulfaecher--warum-kunst-und-musik-so-wichtig-sind-11031770.html

Das Kind in verschiedenen Systemen

Familie ist die kleinste demokratische Zelle.

Günter Strack[20]

System Familie

Jedes System hat Auswirkungen. Man muss sich vergegenwärtigen, dass Kinder in ganz verschiedenen Systemen aufwachsen. Man kann sich vielleicht einmal ein Bild machen, was das bedeutet: In jedem System können spezifische Probleme auftreten.

Eine Familie kann z. B. verschiedene Modelle haben. Alleinerziehende haben eine besondere Situation und auch bei Patchwork-Familien ist die Aufgabe eventuell noch anspruchsvoller, allen Bedürfnissen gerecht zu werden und die einzelnen persönlichen Befindlichkeiten wahrzunehmen. Jedenfalls ist die Kernfamilie ein System, welches eine große Rolle für alle spielt. Auch die Partnerschaft hat Auswirkungen und bei mehreren Kindern spielt die besondere Dynamik unter den Geschwistern eine besondere Rolle.

Es ist ein komplexes Muster und nicht leicht durchschaubar, wie die Familienmitglieder untereinander agieren, kommunizieren. Und vor allem die Auswirkungen sind extrem wichtig in der Entwicklung der Persönlichkeit eines Kindes. Man muss sich immer bewusst sein, dass man in mancher Hinsicht blinde Flecken hat. Man sieht nicht alles, man will nicht alles sehen.

In einer Familie sind unterschiedliche Führungsmuster zu erkennen. Man kann sich eine interessante und grundsätzliche Frage stellen: Wer hat das Sagen?

---

20 https://www.zitate.de/autor/strack%2C+günter

Erziehungsverantwortliche tun immer das, was möglich ist. Aber es wäre durchaus hilfreich, wenn man die Familiensituation allein oder mit jemand zusammen reflektieren, sich einmal überlegen würde, ob das, was gerade so abläuft, mit den Kindern zufriedenstellend ist. Die Familienzeit mit den Kindern ist anspruchsvoll. Manche Dinge zu optimieren macht nicht nur im Beruf, sondern auch im Zusammenleben mit Kindern Sinn.

Oft lässt man sich im Zuge der Zeit auf Verhaltensweisen ein, die bei näherem Betrachten unbefriedigend sind: Wenn zum Beispiel übergroße Ängste der Erziehungsverantwortlichen die Bewegungsfreiheit der Kinder einschränken oder vor allem das Lustprinzip des Kindes im Vordergrund steht und es so keine Frustrationstoleranz entwickeln kann.

Wenn die Kinder diktieren, wie der Alltag nach ihren Bedürfnissen gestaltet werden soll, kann das so aussehen: Hat das Kind Lust dazu, isst die Familie heute auf dem Boden. Will es nicht in die Kita, geht es nicht. Eine neue Erziehungsmethode propagiert, Kinder alles selber bestimmen zu lassen. Experten sind besorgt. Wird die Kindererziehung gerade abgeschafft? Das Kind, Ihr Chef? Kann das gut gehen? Nehmen Sie dem Kind alle Probleme ab, lassen Sie es keine Minute allein?

Mir fällt schon seit Jahren auf, dass man die Kinder mit Fragen oft überfordert: »Liebes, was möchtest du heute zu Mittag essen? Sollen wir noch Möhren einkaufen? …« Es ist schön, richtig und sinnvoll, wenn ein Kind seine Ideen und Wünsche einbringen kann, aber es gibt Grenzen. Grundsätzliches legen die Erziehungsverantwortlichen fest.

Ein wichtiger Punkt ist auch, wie Erwachsene dem Kind gegenüber mit Missgeschick und Versagen umgehen. Kommt zum Beispiel das Kind weinend daher gerannt und sagt: »Lena hat mich geschlagen«, dann ist automatisch Lena die Schuldige. Hat das Kind die Prüfung verbockt, ist natürlich die Lehrperson schuld. Nimmt es etwas, das man ihm verboten hat, aus dem Regal im Einkaufszentrum, ist die Ware falsch platziert. Diese Verhaltensweise schwächt die Kinder und macht sie hilf- und machtlos oder egoistisch. Sie laufen Gefahr, in eine Opferrolle zu fallen, und werden später immer einen Sündenbock suchen. Sind Sie in jeder Situation einfühlsam, großzügig und geduldig oder lassen Sie Ihr Kind immer gewähren und schlucken Sie einfach leer, ist es für die Kinder schwierig zu erkennen, wo die Grenzen sind.

Das Gegenteil ist die Autoritäre Erziehung, in welcher eventuell nur die eine Person bestimmt, wie alles läuft. Auch das Patriarchat, in dem Normen und Verhaltensmuster, von Vätern und Männern geprägt, kontrolliert und repräsentiert werden. (In manchen Fällen herrscht das Matriarchat, also ein von Frauen bestimmtes Konstrukt.)

Was Kinder in einem System krank machen kann

Es gibt einige Punkte, die man im Familiensystem näher anschauen sollte. Wir können einen Blick in die Therapiezimmer werfen und uns fragen: Welche Erfahrungen mit den eigenen Erziehungsverantwortlichen waren so verletzend, dass sie Menschen auch als Erwachsene nicht loslassen, ihnen die Lebensfreude stehlen und sie psychisch krank machen? Oder auch die Frage, weshalb sich Kinder und Jugendliche aktuell allein und fremd in der eigenen Familie fühlen. Die Frage auch, weshalb Kinder und Jugendliche den Erziehungsverantwortlichen entgleiten.

Als Bezugsperson ist man immer mehr oder weniger parteiisch, ein wenig blind auf einem Auge. Die Kinder bekommen oft eine besondere Rolle zugeschrieben. Dass angepasste Kinder sich brav und unauffällig das Muster angewöhnt haben, immer und um jeden Preis zu gefallen. Sie sind ebenso gefährdet wie diejenigen Kinder, die sich aufmüpfig und unangepasst verhalten: Das angepasste Kind macht zu viele Konzessionen, es kann sich nicht zu hundert Prozent als eigene Persönlichkeit entwickeln. Es wird in eine Rolle hineingeschoben. Für die Unangepassten ist es ein Problem, dass sie sich zu wenig geliebt fühlen, weil sie oft getadelt werden und den Eindruck erhalten, nicht zu genügen.

Beide Muster wirken sich auf die seelische Entwicklung ungünstig aus. Den Eltern ist das alles meist gar nicht bewusst. Deshalb sollten sich Bezugspersonen Zeit nehmen, etwas zurücktreten und genauer hinschauen, um eventuell solche Muster zu erkennen und dagegen zu halten. Ähnliche Konstellationen im Familiensystem wie zum Beispiel fehlende Wertschätzung, Kommunikationsfallen, die zu Missverständnissen führen, sowie Abhängigkeiten und einseitige Machtstrukturen, Druck und Missbrauch aller Art sind in allen Subsystemen möglich.

- Instabile Beziehungen zu zentralen Bezugspersonen und eine Inkonsistente Erziehung sind kennzeichnende Merkmale eines Erziehungsstils, der durch unstimmiges, widersprüchliches oder inkonsequentes Verhalten der Eltern bestimmt ist. Ein solcher Erziehungsstil ermöglicht einem Kind keine Orientierung und birgt ein Risiko für die Entwicklung von Verhaltensstörungen.

Das Spiel und die Kinderzeichnung spiegeln die aktuelle Situation

In der Darstellung einer Familie und bei weiteren Themen sind die Zeichnungen von Kindern ein aufschlussreicher als Spiegel der aktuellen Situation.

Man kann auch darauf achten, wie Sie selbst von den Kindern wahrgenommen werden. In der Familienstellung mit kleinen Figuren habe ich jeweils schnell gesehen, wie Kinder untereinander oder zu ihren Bezugspersonen stehen. Wo wird der Papa, wo der kleine Bruder platziert? Zeichnet das Kind die Familie als Tiere, ist das sehr aufschlussreich und lässt tief blicken. Ich habe meine eigenen Kinder gebeten, dies zu tun, es war interessant und ich konnte einiges daraus schließen. Kinderzeichnungen sind generell aufschlussreich und können helfen, wachsam zu sein, um eventuell Korrekturen anzubringen.

Aber zu viel darf man nicht in Zeichnungen interpretieren. Kinder und Jugendliche befinden sich nicht nur im System »Gesellschaft und Familie«, sie befinden sich, wie erwähnt, auch in Subsystemen unter Geschwistern, Kollegen und Kolleginnen oder weiteren Bezugspersonen in der Kita, in der Schule. Auch beim Spiel kann man interessantes über den Alltag hören oder sehen, etwa bei Puppen- oder anderen Rollenspielen

Gefährliche Muster

Erziehungsverantwortliche sind gut beraten, ihre eigenen Muster unter die Lupe zu nehmen.

Eines der entscheidenden Muster, welches die Belastbarkeit von Kindern negativ beeinflusst und welches es unbewusst an die Kinder weitergibt, ist zum Beispiel folgendes:

Sie stellen sich das ganze Leben als Opfer dar. Immer ist irgendwer oder irgendwas für ihr Unglück verantwortlich. Sie haben permanent das Gefühl, dass man ihnen etwas Schlechtes will. Selbstmitleid und ein Gefühl, dauernd bedroht zu werden, können auch in ein Täterverhalten umschlagen: Hat man genug gelitten, schlägt man irgendwann irgendwie zurück. Es ist nicht zu leugnen, dass Menschen immer wieder Unrecht erfahren, und damit umzugehen ist alles andere als einfach.

Auch wenn Kinder und Jugendliche lernen, dass es in jeder Situation ein Richtig und Falsch gibt, sind sie schlecht beraten und nicht auf komplexe Situationen vorbereitet. Es wäre so einfach, wenn es Schwarz oder Weiß gäbe.

Auszuhalten, dass es keine endgültigen Wahrheiten gibt, erfordert Belastbarkeit. Jede Person kann für sich eine Lösung und Strategie finden, wie er oder sie mit Unrecht und Unlust umgehen kann. Nach der Wut macht es Sinn, konstruktive Lösungen zu suchen, ganz nach dem Motto: »Man soll ändern, was man ändern kann, man kann die Sicht auf etwas verändern, oder man legt das Thema beiseite.«

Viele Kinder sind nicht belastbar, weil ihre Eltern sie aus Fürsorge davor bewahren wollen, Unrecht zu erleiden. Sie schieben alles vom Kind weg: auf andere, auf dumme Regeln oder Bestimmungen, die Schuld an ihrem Übel sind. Ihre eigenen Kinder sind nie schuld, wenn irgendwo ein Fehlverhalten passiert.

Dabei wissen wir es alle: Es gibt nicht die Braven und die Bösen. Es ist nicht so einfach! Die Kinder selbst können Ideen beitragen, was sie allenfalls tun würden. Ich kenne Erziehungsverantwortliche, die ihren Kindern nie etwas abgeschlagen haben, deren Kinder nie beteiligt waren, wenn etwas krumm gelaufen ist. Aber es gab selten ein Happy End.

Die Rolle als Bezugsperson definieren

Man kann ohne Liebe Holz hacken, Ziegel formen, Eisen schmieden. Aber man kann ohne Liebe nicht mit Menschen umgehen.

Leo Tolstoi[21]

Führen mit Leadership

Diesen Begriff habe ich mir aus der Unternehmenskultur geliehen. Leader*in sein gefällt mir auch für die Begleitung von Kindern. Es geht um eine Führungsqualität, welche die Ressourcen stärkt: Motivation, Integrität, Empathie und Verantwortung sind die Zutaten für eine zukunfts- und zielorientierte Begleitung von Kindern.

Führung assoziiert man oft mit Autorität und Hierarchie. Das Verständnis von Führung in meiner Vorstellung ist in Veränderung, hin zu mehr Kooperation, Verständigung und Partizipation. Die Hierarchie ist zwar flach, aber klar: Die Bezugspersonen führen. Führung heißt: Vom »Ich« zum »Wir«.

Auch wenn sich Kindheit verändert hat, die Kinder selbst haben sich nicht verändert. Sie sind abhängig von Menschen, die sich ihrer annehmen. Sie werden geboren und wir, unsere Gesellschaft, wir alle, aber vor allem die Erziehungsverantwortlichen, haben eine Wahl, wie wir mit unseren Kindern umgehen, welche Rahmenbedingungen wir bereitstellen. Es wird sich auf das Leben der Kinder, auf ihre seelische und körperliche Gesundheit auswirken, was immer wir tun oder nicht tun, es wird auch Auswirkungen auf die ganze Gesellschaft haben. Erziehungsverantwortliche haben es nicht leicht.

---

21 https://gutezitate.com/zitat/168143

Belastbar kann nur sein, wer sich in einem stabilen seelisch-körperlichen Zustand befindet. Obwohl oder gerade weil die Arbeitswelt stressig ist, müssen sich die Erziehungsverantwortlichen um eine Work-Life-Balance bemühen:

- Das berufliche Leben: Karriere, Erfolg und Geld
- Alles, was die Sinne anspricht: Liebe, Kunst und Selbstverwirklichung
- Gesundheit und Körper: Bewusste Ernährung, Entspannung und regelmäßiger Sport
- Die soziale Komponente: Familie, Freunde, Anerkennung

Dies alles unter einen Hut zu bringen ist sehr anspruchsvoll und benötigt neben der Begleitung von Kindern eine optimale Zeitplanung.

Die Kinder und Jugendlichen sollten trotz der Probleme in der Welt fröhlich sein, Spaß haben können. Es darf nicht sein, dass sie krank werden.

Eine Beziehung aufbauen

Damit Kinder belastbar werden, brauchen sie Vertrauen. Eine gute Beziehung ist der Nährboden dazu. Eine Beziehung zu pflegen bedeutet harte Arbeit.

In Beziehungen sind zwei Bedürfniskomplexe entscheidend, die einander augenscheinlich zunächst ausschließen: Dort ist einerseits das Bedürfnis nach Schutz und andererseits das nach Eigenständigkeit. Hier stehen sich der Wunsch, dass alles bleiben soll, wie es ist, und der nach Weiterentwicklung gegenüber, wodurch Konflikte vorprogrammiert sind.[22] Es sind verschiedene Bedürfnisse im Spiel, weil unterschiedliche Persönlichkeiten mit anderem Entwicklungsstand, verschiedenen Temperamenten, Begabungen, Wahrnehmungen und Persönlichkeitsmustern beteiligt sind.

22 Vgl. https://www.neuenarrative.de/magazin/beziehungen-gestalten-wachstum/

Kinder sind in ihrer Entwicklung auf Hilfe angewiesen. Sie entwickeln sich im Verlauf ihres Lebens im Idealfall zu autonomen Menschen. Damit sie belastbar sind, brauchen sie Sicherheit und Vertrauen. Vertrauen zu haben bedeutet, sich und anderen etwas zutrauen.

Eine gute Beziehung zu haben heißt praktisch, jeden Tag ein paar Worte auszutauschen, einen aufmunternden Blick zuzuwerfen, ein kurzes Gespräch oder ein gemeinsames Unternehmen zu haben. Was auch immer: Die Vergewisserung, dass der Draht zum Kind da ist, ist enorm wichtig.

Es gibt leider viele Familien, deren Kinder oder Jugendlichen ausscheren, wegdriften, aus der Spur geraten oder sich aus dem Staub gemacht haben. Irgendwann, so kann ich mir vorstellen, ist etwas Spezielles vorgefallen, das die Bezugspersonen nicht wahrgenommen haben. Bei einem auffälligen Verhalten eines Jugendlichen rate ich, subtil zu fragen und zu beobachten, ob alles in Ordnung ist. Achten Sie bei der Antwort auf die Mimik und die Körpersprache. Ist die Beziehung zerbrochen, ist es extrem schwierig, diese wiederherzustellen. Oft erfahren die Bezugspersonen den Grund für einen Bruch nie. Das ist extrem schmerzhaft.

Vom Defizit zur Ressource

Wir leben in einer Zeit, in der alles immer komplexer geworden ist. Die Informationsmöglichkeiten aus der ganzen Welt sind immens. Es wird von einer Überflutung gesprochen. Stress infolge des harten Wettbewerbs und der Druck, immer und überall mehr Rendite herauszuholen, rauben Kräfte. Sind auch noch Kinder da, steht man auch da vor einer großen Aufgabe: Kinder brauchen uns, fordern uns heraus. Jede Situation, jede Konstellation in einer Lebensgemeinschaft mit Kindern ist unterschiedlich.

Jedes Kind, jeder Erwachsene ist anders. Viele Erwachsene nehmen es als gegeben an, dass sie als Erziehungsverantwortliche die Begleitung ihrer Kinder schon irgendwie hinkriegen. Ich habe das auch geglaubt und ich habe mich getäuscht! Überforderung und Hilflosigkeit waren die Folge. Man läuft dann oft Gefahr, beim Kind nach Verhaltensstörungen und deren Ursachen suchen. Besser und sinnvoller ist es, das Kind zu beobachten, das eigene Verhalten und das des ganzen Umfeldes zu reflektieren, Ressourcen zu stärken um anschließend angepasste Rahmenbedingungen zu schaffen.

Kinder an die Hand nehmen

Belastbare Kinder erwerben sich mentale Stärke, indem sie eine sichere Hand hält, wenn sie spüren, dass sie nicht allein in dieser Welt sind. Kinder an die Hand nehmen heißt aber auch, das Kind immer wieder allein gehen zu lassen, es loszulassen.

Es bedeutet auch, diese mit größter Aufmerksamkeit zu beobachten, um Situationen zu erkennen, in denen sie eine sichere Hand wieder eine längere oder kürzere Strecke benötigen. Die Frage lautet: Wann führe ich – wann lasse ich los? Wichtig ist: Jede Erziehungssituation ist anders. Manchmal nerven die Kinder die Erziehungsverantwortlichen und manchmal ist es umgekehrt. Erziehungsbeauftragte können nicht auf eine App mit einem GPS zurückgreifen. Sie müssen sich Schritt für Schritt vorwärts tasten, um einen für sie stimmigen Weg zu suchen. Das Spannende dabei ist, dass man den Weg zusammen mit dem Kind suchen kann. Trotzdem sind Orientierungshilfen von Vorteil. Erziehungsliteratur zu lesen ist nie verkehrt. Geduld zu haben ist nicht jedermanns Sache. Diese ist aber immer wieder gefordert. Auf der einen Seite sind die Sorgen und Probleme mit den Kindern, aber auf der anderen Seite ist es eine große Chance, mit Kindern zusammen zu sein: Man wird im besten Fall selbst für einige Zeit wieder zum Kind.

Die meisten Erziehungsverantwortlichen machen Dinge, die sie ohne ihre Kinder niemals machen würden: Basteln, Schlittschuhlaufen, Fußball spielen, nähen, klettern, Gesellschaftsspiele spielen, Legotürme bauen, Puppen schön anziehen, Mützen stricken Marshmallows grillen … Man kann zusammen auftanken, weil sich die gemeinsamen Aktivitäten wie das Salz in der Suppe für eine gute Beziehung auswirken. Es ist eine *Win-Win*-Situation: Hand in Hand mit dem Kind.

Erziehungsstile und ihre Schwerpunkte

Erziehen heißt vorleben. Alles andere ist höchstens Dressur.

Oswald Bumke[23]

Sich mit der Thematik Erziehung auseinandersetzen

Welchen sogenannten Stil Bezugspersonen praktizieren, ist in ihrer Wirkung immer abhängig von der Persönlichkeit der Erziehenden. Man macht sich meist kaum Gedanken darüber, und genau genommen ist die Definition, der Name nicht so wichtig. Nur die Praxis zählt. Man geht davon aus, dass man alles aus eigener Sicht richtig macht. Aber es kann passieren, dass nicht alles so rund läuft, wie man es möchte.

Das Problem ist, dass sich manchmal Jahre später Methoden und Praktiken als nicht ideal im Sinne der eigenen Vorstellung herausstellen. Man wollte glückliche Kinder und hat am Ende ein Problemkind. Das Resultat einer fehlgeleiteten oder gänzlich fehlenden Erziehung?

Die Kinder entwickeln Symptome, die Kriterien von folgenden Diagnosen erfüllen: Angststörungen, Rechnersucht, Essstörungen, schwerwiegende Schulprobleme und zahlreiche Verhaltensauffälligkeiten.

Man hat nie eine Garantie für das Gelingen der Erziehung. Es sind verschiedene Faktoren im Spiel, welche die Entwicklung der Kinder maßgeblich beeinflussen. Ich denke an Einschnitte, wie zum Beispiel eine Trennung bei einer Scheidung, einem Todesfall oder einer Krankheit von Erziehungsverantwortlichen oder anderen Bezugspersonen, dem Einfluss von anderen Kindern, Mobbing, einer unbefriedigenden Schulsituation, dem Verlust von Freunden und Freundinnen bei einem Umzug und natürlich auch genetische und psychische

23 https://www.zitate-online.de/literaturzitate/allgemein/16083/erziehen-heisst-vorleben-alles-andere-ist.html

Beeinträchtigungen und Persönlichkeitsmerkmale von Erziehungsverantwortlichen und Kindern.

Wichtig ist, dass man am Ende nicht feststellen sollte, dass man sich nicht genug mit dem Thema auseinandergesetzt hat.

Während der Kinder- und Jugendjahre stellen sich Bezugspersonen selbst Fragen in Bezug auf ihren Erziehungsstil und auch sie selbst werden durch das Verhalten des Kindes in Frage gestellt. Sie sind das Vorbild und Sie werden gespiegelt.

Sie fragen nicht nur: »Wer ist mein Kind?«, sondern auch: »Wer bin *ich*? Wie wirkt sich meine Persönlichkeit auf den Erziehungsalltag aus?«

Im nächsten Kapitel finden Sie die Möglichkeit, verschiedene Erziehungsstile kennenzulernen. Sie werden sich vielleicht in Teilen schmunzelnd oder nachdenklich wiederfinden.

Wie gesagt, das Wort »Erziehung« hat einen unangenehmen Beigeschmack.[24] Der Grund, weshalb Eltern das Konzept Erziehung ablehnen, ist, dass sie es als gewaltsam empfinden. Wir kommen nicht drum herum, uns einzugestehen, dass Kinder Orientierungshilfen und Regeln brauchen, um gut ausgerüstet für das Leben zu sein.

Ich spreche oft von einer Begleitung von Kindern, aber dieser Begriff kann suggerieren, dass es mit Kindern ein leichter Spaziergang ist, und das ist es definitiv nicht! Also verwende ich den Begriff, den wir alle kennen: Es geht genau gesagt um Erziehung im weiteren Sinne, auch wenn nichts daran mit ziehen und selten im Sinne eines direktiven Eingriffs zu tun hat.

24 https://www.focus.de/familie/eltern/familie-heute/kinder-nicht-erziehen-was-experten-sagen-wenn-eltern-sich-weigern_id_10182106.html

Erziehung gestern und heute

Vor circa fünfzig Jahren war die Bewegung der »68er«. Es ging unter anderem um weniger Struktur und mehr Freiraum bei der Erziehung.[25] Das war eine Wende in der Pädagogik.

Meine Freundin, die antiautoritär erziehen wollte, sagte einmal: »Ich bin verunsichert, die Kinder trampeln auf dem Tisch und wir sind darunter.« *Wie viel Freiheit braucht mein Kind?* war der Titel meines ersten pädagogischen Ratgebers 1996.[26] Heute ist alles noch komplexer geworden.

Neuerdings gibt es viele besondere Bezeichnungen von aktuellen Erziehungsstilen. Einige Erziehungspraktiken sind für das Kind sehr gefährlich: Kinder werden in Watte gepackt und haben kaum Möglichkeiten, Widerstandskräfte zu entwickeln. Damit wird gar eine Lebensuntauglichkeit in Kauf genommen. GPS-Sender baumeln am Handgelenk, Überwachungskameras hängen im Spielzimmer.

Helikopter-Eltern

sind ständig präsent, um ihre Kinder vor potenziell lauernden Gefahren zu schützen.

Rasenmäher-Eltern

sind schon einen Schritt weiter: Sie mähen die Probleme ihrer Kinder einfach weg. Oft wird auch vorschnell in Konfliktsituationen mit anderen Kindern eingegriffen.[27]

U-Boot-Eltern

tauchen sozusagen die meiste Zeit ab und überlassen die Kinder sich selbst.

25 https://www.kas.de/c/document_library/get_file?uuid=905477d2-d5d4-4baf-6c6a-0df4188b1034&groupId=252038

26 Häberli-Nef, Ursula: Wie viel Freiheit braucht mein Kind? Ravensburger, 1995.

27 Vgl. https://www.focus.de/familie/eltern/familie-heute/familie-rasenmaeher-eltern-experten-warnen-vor-den-folgen-des-neuen-erziehungsstils_id_9663538.html

Schneepflug-Eltern

Sie suggerieren ihrem Kind, dass es im Leben keine Probleme gibt, indem sie dem Kind alle Schwierigkeiten aus dem Weg räumen. Das macht die Kinder hilflos und abhängig, weil sie es nicht gewohnt sind, Schwierigkeiten anzupacken und zu meistern. Immer sind andere schuld, wenn etwas nicht klappt, und immer tragen andere die Verantwortung, wenn ein Kind versagt.

Gewalt und Züchtigung

Ich bin davon ausgegangen, dass es allen Menschen klar ist, dass Gewalt in der Erziehung keine Lösung ist, und war erstaunt und geschockt, dass ich las, dass dies eine Wunschvorstellung sei.

Es finden sich züchtigende Maßnahmen aus Überzeugung auch heute noch unter anderem in religiösen, fundamentalistischen Erziehungsmethoden. Das erstaunt mich umso mehr, als da zum Beispiel bei Christen Jesus Christus eine zentrale Vorbildfunktion hat und für absolute Gewaltfreiheit steht. Aber es wäre zu einseitig, einer speziellen Gruppe Gewaltanwendung (Psychisch oder physisch) zuzuschreiben.

Aktuell liest man, dass die Zahl der misshandelten Kinder in der Schweiz zunimmt.[28] Auch in Deutschland hat vor allem in der Zeit der Corona-Pandemie Gewalt und Misshandlung an Kindern zugenommen. Es macht einen Unterschied, ob Züchtigung in Form von Gewalt als Erziehungsmethode bewusst angewandt wird oder ob Gewaltausübung in Folge von Überforderung stattfindet.[29] Ist dies der Fall, rate ich dringend, eine Beratungsstelle aufzusuchen.

---

28 https://www.kinderschutz.ch/kinderschutz-schweiz/medienmitteilungen/nationale-kinderschutzstatistik-2021

29 https://www.bild.de/ratgeber/2022/ratgeber/gewalt-gegen-kinder-gestiegen-die-corona-opfer-ueber-die-niemand-spricht-78907496.bild.html

Ein Positionspapier der Eidgenössischen Kommission für Kinder- und Jugendfragen EKKJ

Das Recht von Kindern auf Schutz vor jeglicher Form von Gewalt in der Erziehung, sei dies körperlicher oder psychischer Art, in Form von Misshandlungen oder Vernachlässigung, ist im Übereinkommen der Vereinten Nationen über die Rechte des Kindes verankert. Auch die Schweiz ist der UNO-Kinderrechtskonvention beigetreten. Über elterliche Gewalt in der Erziehung wird in Fachkreisen und in der Politik seit Jahren diskutiert, insbesondere im Zusammenhang mit den Empfehlungen des UN-Kinderrechtsausschusses, der die Schweiz wiederholt zum Handeln aufforderte. Dass das Thema heikel ist, erstaunt wenig, da es den familiären Bereich betrifft, in den der Staat nur sehr zurückhaltend eingreift. Gleichzeitig ist das Thema für die öffentliche Gesundheit von zentraler Bedeutung. Weniger verständlich ist hingegen, dass bisher keine wesentlichen Fortschritte in Richtung einer gewaltlosen Erziehung erreicht wurden und dass in breiten Kreisen weiterhin die Überzeugung herrscht, es bestehe kein Handlungsbedarf.[30]

Autoritärer Erziehungsstil

Nach Kurt Lewin ist der autoritäre Erziehungsstil hauptsächlich durch eine strikte Hierarchie zwischen Erzieher und Kind gekennzeichnet.[31] Die Erziehungsverantwortlichen haben das Sagen und treffen die Entscheidungen für ihr Kind. Dabei dulden sie keine Widerworte. Heute hat der autoritäre Erziehungsstil in der praktischen Erziehung stark an Bedeutung verloren, zumal Forschungen zeigen, dass die

---

30 Schweizerische Eidgenossenschaft: Das Recht des Kindes auf eine Erziehung ohne Gewalt. Bern, November 2019. S. 3. https://ekkj.admin.ch/fileadmin/user_upload/ekkj/02pubblikationen/Positionspapier/d_19_Positionspapier_EKKJ_Erziehung_ohne_Gewalt.pdf

31 https://www.erzieherkanal.de/erziehungsstile-kurt-lewin

Auswirkungen auf Heranwachsende vorwiegend negativ sind.[32]

Eine der zentralen Folgen des autoritären Erziehungsstiles ist es, dass die Kinder kaum ein gesundes Selbstwertgefühl entwickeln können. Einerseits kann es sein, dass sie auch im Erwachsenenalter und im Zusammensein mit anderen eine unterwürfige Rolle einnehmen und auf die Anweisungen von anderen angewiesen sind. Sie können also wenig selbstständig sein und sich zurückziehen. Andererseits kann es sich auch darin äußern, dass sie, auch im Erwachsenenalter, aggressiv, gereizt und betont dominant mit anderen umgehen und sich schlecht unterordnen können oder wollen.[33]

Laisser-faire

Der Erzieher beteiligt sich nicht. Er verhält sich freundlich, aber neutral. Der Erzieher verhält sich passiv und greift nur marginal ein, dadurch wirkt er unter Umständen sogar desinteressiert und gleichgültig. Er beschränkt sich auf sehr kleine Vorgaben und bietet Hilfe an, die man aber selbst einfordern muss.

Eine der zentralen Folgen des Laissez-faire-Erziehungsstiles ist, dass die Kinder häufig kein adäquates Sozialverhalten entwickeln können. Sie haben Probleme, mit anderen umzugehen und sich in den Strukturen der Gesellschaft einzufinden. Dadurch, dass sie selbst keine Regeln und Grenzen erfahren haben, wirkt sich das negativ auf das soziale Miteinander mit anderen aus. Ihnen fällt es schwer, die Regeln und Grenzen anderer zu erkennen und sich anderweitigen äußeren Regeln und Grenzen unterzuordnen und diesen zu folgen.[34]

---

32 https://www.familie-und-tipps.de/Kinder/Erziehung/Erziehungsstile/Autoritaerer-Erziehungsstil.html

33 https://www.profiling-institut.de/der-autoritaere-erziehungsstil/

34 https://www.profiling-institut.de/der-laissez-faire-erziehungsstil/

Autoritativer Erziehungsstil

Voraussetzung ist eine sichere Bindung an die Bezugsperson. Die Signale des Kindes werden erkannt, angemessen interpretiert und prompt und feinfühlig beantwortet.[35] Es werden Grenzen gesetzt.

Bei der autoritativen Erziehung unterstützen Erziehungsverantwortliche ihre Kinder in allen Belangen. Sie agieren fürsorglich und wertschätzend. Gleichzeitig kontrollieren sie ihren Nachwuchs vergleichsweise stark.[36]

Demokratischer Erziehungsstil

Zum Alltag gehören Regeln, die klar definiert sind. Das Kind hat die Freiheit, aus eigenem Antrieb zu lernen. Ein Regelverstoß zieht Konsequenzen nach sich, die zuvor erläutert werden.

Erziehungsverantwortliche geben ihren Kindern Unterstützung, Zuneigung und Liebe. Wünsche und Meinungen der Kinder werden respektiert und berücksichtigt. Klare Absprachen sollen das gemeinsame Zusammenleben in der jeweiligen Gruppe erleichtern. Ergänzungswert sind Teile des autoritativen Erziehungsstils: Letzterer ist durch hohe Kontrolle, Anteilnahme und eine abgestimmte Reaktion gekennzeichnet.[37]

---

35 Vgl. https://link.springer.com/chapter/10.1007%2F978-3-540-68282-0_6

36 https://www.kita.de/wissen/autoritativer-erziehungsstil/

37 https://www.nifbe.de/component/themensammlung?view=item&id=581:responsivitaet-antworten-und-sich-abstimmen&catid=44

Wie schätze ich mich als Persönlichkeit ein?

Wer seinen Schatten nicht kennt, kann nicht über ihn springen.

U. H.

Merkmale verschiedener Persönlichkeiten

Es kann spannend sein, sich ein Bild von sich selbst zu entwerfen. Ich kann fragen: Wer bin ich, wie wirke ich, was prägt mich? Es gibt die Eigen- und Fremdeinschätzung: Fragen Sie auch eine außenstehende Person.

Unsicher, ängstlich:

Sie haben vielleicht Angst, das Kind zu verletzen. Ringen Sie sich zu klaren Entscheidungen durch und holen Sie sich Unterstützung. Geben Sie nicht einfach klein bei, wagen Sie eine Auseinandersetzung.

Helfend, zuwendend:

Versuchen Sie, dem Kind nicht alles abzunehmen, um nicht überbehütend zu werden.[38] Sie gefährden die Autonomie der Kinder.

Selbstlos:

Vergessen Sie Ihre persönlichen Bedürfnisse nicht. Es ist schön, für andere zu sorgen, aber erwarten Sie keine Dankbarkeit!

38 https://www.tagblatt.ch/leben/familie-sehnsucht-nach-freiheit-ld.1082468

Aggressiv:

Zählen Sie bis drei, bevor Sie loslegen, und versuchen Sie, sachlich zu argumentieren. Es drohen Machtkämpfe und die Gefahr der Gewaltbereitschaft.

Sich beweisend:

Denken Sie daran, dass es immer verschiedene Aspekte gibt. Rechthaberei wirkt erschwerend beim Kompromissesuchen. Sich bei einem Kind auch mal zu entschuldigen, ist mehr als recht.

Bestimmend, kontrollierend:

Macht auszuüben erzeugt Druck. Druck erzeugt Gegendruck und Opposition. Das Kind kann sich nicht frei entwickeln. Hören Sie auf Ihr Kind und seine Bedürfnisse.

Distanzierend:

Fühlen Sie sich in das Kind hinein und nehmen Sie sich Zeit mit ihm. Hören Sie zu und nehmen Sie das Kind ernst.

Mitteilungsfreudig:

Schwatzen Sie nicht zu viel auf das Kind los, handeln Sie! Vor allem Mütter drohen oft: »Wenn du nicht sofort kommst, gehen wir nicht zu …« Dann merken sie, dass sie ihre Drohungen nicht wahrmachen können oder wollen. Das ist dann kontraproduktiv!

Wir haben verschiedene Begabungen und Schattenseiten. Begabungen fallen gerne in den Schattenbereich. Schattenseiten sind oft auch Stärken. Kinder helfen uns, uns besser kennen zu lernen.

Unterschiedliche Denk- und Handlungsmuster

> *Viel mehr als unsere Fähigkeiten sind es unsere Entscheidungen, die zeigen, wer wir wirklich sind.*
>
> Joanne K. Rowling[39]

Zu welchem Persönlichkeits-Typ gehöre ich eher?

Ich unterscheide spielerisch den eher logischen, dogmatischen und linear denkenden von dem kreativen, bildhaften, entdeckungsfreudigen Menschen. Mit Betonung auf »eher«, denn wir sind alle eine Mischung dieser Muster.

Die vorliegenden Begriffe wurden früher der rechten beziehungsweise der linken Hirnseite zugeordnet, was aber ein Mythos ist. Es kann trotzdem spannend sein, sich zu überlegen, zu welchem Typus man sich eher zuordnet. Aus Sicht meiner Beobachtungen kann man schon sehr früh erkennen, zu welchem Persönlichkeitstyp man gehört. Dabei muss man aber erwähnen, dass sich ein Kind im Lauf seiner Entwicklung verändert. Das kleinere Kind denkt bildhaft und kann Strukturen und Abläufe sowie Ursache und Wirkung erst im Laufe der Zeit erfassen.

Wenn Sie diese Zuordnung anschauen, sehen Sie, dass es eigentlich Antinomien, Gegensätze oder Kontraste sind. Es ist eine eher spielerische Auseinandersetzung mit diesen Gegenpolen, die sich in der Praxis nicht zwangsläufig so ausschließlich zeigen.

---

39 Rowling, Joanne K.: Harry Potter und die Kammer des Schreckens. Aus dem Englischen von Klaus Fritz. Carlsen, 2000. S. 343.

Symbol und Definition Rechner:

(Datenverarbeitungsanlage) Zahlen und Buchstaben

Symbol und Definition Kaleidoskop:

Das Wort »Kaleidoskop« kommt aus dem Griechischen und bedeutet »schöne Formen sehen«: Verschiedene Figuren und Muster.[40] In den Jahren 1814 und 1815 machte der schottische Wissenschaftler David Brewster (1781–1868) Experimente zur Polarisation von Licht. Er verwendete Glas-, später auch Gold- und Silberplatten, an denen er Lichtstrahlen mehrfach reflektieren ließ. Dabei entstanden interessante Bilder, denen er zunächst keine weitere Bedeutung schenkte, bis er schließlich dem Zauber der zahlreichen Reflexionen erlag. Das Kaleidoskop war geboren.[41]

Heute versteht man darunter ein »*Spielzeug aus einer mit Spiegeln versehenen Röhre, das beim Durchschauen und Drehen verschiedenste symmetrische Muster erzeugt; bunte Mischung*«.[42]

Jedes Leben ist wie ein Kaleidoskop: unberechenbar und dennoch beständig in kontinuierlicher Veränderung.[43]

Der Rechner berechnet, das Kaleidoskop ist unberechenbar. Somit entspricht das Kaleidoskop der Quantentheorie, in welcher die Eindeutigkeit durch die Überlappung und Verschränkung der kleinsten Teile im atomaren und subatomaren Bereich nicht gegeben und immer subjektiv im Moment des Messens ist.[44]

---

40 https://www.dwds.de/wb/Kaleidoskop

41 https://www.experimentis.de/physikalisches_spielzeug/kaleidoskop/

42 https://www.verben.de/substantive/Kaleidoskop.htm

43 https://www.karleidoskope.de/das-kaleidoskop-allgemein/

44 https://www.spektrum.de/news/wie-real-ist-die-quantenverschraenkung/1445463

Symbol: Rechner / Computer	**Symbol: Kaleidoskop**
Verarbeitet Informationen Gleichzeitig	Verarbeitet Informationen Nacheinander
Hält sich an eine Reihenfolge (A–B–C)	Geht simultan vor
Methoden	Erfasst komplexes Bild
Registriert Einzelheiten	Erfasst das Ganze
Aphantasie (Keine Bilder sehen)	Vorstellungsvermögen
Zergliedert die Welt in überschaubare Teile	Verbindet die Welt zu einem Gefüge
Ist logisch: Sieht Ursache und Wirkung	Ist analog: Sieht Entsprechungen und Ähnlichkeiten
Spricht auf verifizierbare Aspekte an	Spricht auf qualitative Aspekte an
Naturwissenschaften	Geisteswissenschaften
Verzeichnet informative Aspekte	Verzeichnet emotionale Aspekte
Denkt linear	Denkt bildhaft
Hält sich an vorgegebene Strukturen	Offenheit
Regelgeleitete Ideenbildung	Offene Ideenbildung (Gruppieren)
Ist syntaktisch (verknüpft Wörter nach grammatischen Regeln)	Reagiert auf den Bildgehalt (Konzentration auf Inhalt)
Rhetorik (Sprache)	Gedicht, Reim, Lautmalerei
Begriffliches Denken	Bildliches Denken
Reagierend	Proaktiv
Operativ	Strategisch
Dogma	Entdeckung

Nachahmen	Erfinden
Mechanisch	Experimentell
Voraussage	Erkundung
Form	Inhalt
Starr	Flexibel
Regeln, Plan	Risiko
These	Synthese
Gesunder Menschenverstand (Realismus)	Fantasie, Idee, Utopie
Logos / Vernunft	Mythos / Emotion

Verschiedene Temperamente

- Das cholerische Temperament (Aufbrausend, unausgeglichen)
- Das sanguinische Temperament (Heiter, lebhaft bis leichtsinnig)
- Das phlegmatische Temperament (Etwas träge, friedliebend)
- Das melancholische Temperament (Hohe Empfindlichkeit, weint schnell)

Es gibt die Menschen, die altruistisch sind und alles mit anderen teilen und sich verbinden möchten, und es gibt die Abgrenzenden, die auch zu Egoismus neigen.

Wir sind immer eine Mischung, neigen uns individuell mehr oder weniger stark auf die eine oder andere Seite, je nach der Thematik und unseren Begabungen. In Bezug auf Bildung und Erziehung ist nach neueren Erkenntnissen eine Herangehensweise, wie sie sich im Symbol »Kaleidoskop« darstellt, nachhaltiger.

Unterschiedliche Herangehensweisen

Rechner	Kaleidoskop
Fehler vermeiden	Fehler als Lernchancen nutzen
Das Zusammenleben regeln	Soziales Lernen ermöglichen
Zensuren erteilen, Vorgaben machen	Anleitung zur Selbsteinschätzung
Auswendiglernen, reproduzieren	Lernberatung anbieten
Vormachen	Erfahrungen ermöglichen
Produkt ist das Ziel	Prozess ist das Ziel
Haften für ein Produkt	Verantworten der Produktion
Wissen von Recht und Brauch	Werthaltungen vermitteln
Detail	Zusammenhänge
Informative Aspekte	Qualitative Aspekte
Fakten	Bilder / Klang / Gefühl
Üben	Ganzheitliches Lernen, Erleben
Fördern	Lernumgebung gestalten
Rolle: Anleiten	Rolle: Begleiten
Stoff im Zentrum	Mensch, Anschauung im Zentrum
Ratio / Verstand	Emotion / Gefühl
Erziehen	Bilden
Sanktion, Repression	Kooperation
Maximum	Optimum

Wie tickt unsere Gesellschaft?

Die Qualität von Erziehung und Bildung zeichnet sich durch ihre Angebote aus, welche die speziellen Begabungen und Kompetenzen sowie der Anwendung von unterschiedlichen Denkansätzen Rechnung tragen.

Im Alltag erlebt man immer wieder die Situation, dass man in einem Gespräch feststellt, wie man eine Sache ganz unterschiedlich beurteilt. Treffen zwei Personen zusammen, die in ihren Persönlichkeitsmustern sehr unterschiedlich sind, ist es so, als führen zwei Züge nebeneinander. Es kann sein, dass man sich aus verschiedener Hinsicht nicht treffen kann. Man muss es aushalten, dass die andere Person in einem anderen Zug sitzt und vielleicht auch an ein anderes Ziel fahren will. Ein Gesprächsaustausch ist nicht möglich: Das gegenseitige Verständnis fehlt. Ich selbst finde das sehr schwierig.

Aus meiner Wahrnehmung bewegen wir uns als Gesellschaft aktuell in vielen Bereichen stark gewichtet auf der Rechnerseite. Das heißt betont auf:

Kurzfristig	Anstatt Langfristig (Nachhaltig)
Quantität	Anstatt Qualität
Hängen bleiben bei ersten Schritten	Das Ganze wird nicht erfasst
Regelgeleitete Ideenbildung	Zu wenig offene Ideenbildung
Form (zu viele Formulare)	Zu wenig Inhalt
Starr	Zu wenig Flexibilität
Maximum	Zu wenig Optimum

Wir haben auf der Seite des Kaleidoskops die Geisteswissenschaften, auf der des Rechners finden wir die Naturwissenschaften.

Die Quantenphysik räumt mit unserer Vorstellung von Realität auf[45]

Auch die Gedankenwelt ist betroffen von der Quantentheorie.[46] Man spricht von der Kraft unserer Gedanken. So beobachte ich, wie sich Naturwissenschaften und Geisteswissenschaften überschneiden.

Auch die spirituelle Welt ist betroffen von den Erkenntnissen der Quantentheorie, bei der es sich u. a. um elektromagnetische Themen handelt.[47]

Um komplexe Probleme lösen zu können, sollten Denkmuster aus dem Kaleidoskop-Denkmuster gefördert werden: Offene Ideen, Kreativität, Nachhaltigkeit, Risikobereitschaft; Veränderung sollte man als Chance wahrnehmen können. Es geht immer und überall um eine Balance von Freiheit, Kreativität, Prozess, Ideen contra Struktur, Ordnung, Regeln, Produkt.

Die Auseinandersetzung mit der eigenen Persönlichkeit und mit der Eigenart des Kindes, zum Beispiel in Bezug auf Kaleidoskop und Rechner, fördert das gegenseitige Verständnis und erleichtert es, eine gute Beziehung aufzubauen.

Sie können als Bezugspersonen bewusst steuern, welche Denkmuster und in welchen Situationen Sie das Kind in Richtung Kaleidoskop oder Rechner fördern und unterstützen.

---

45 https://www.derstandard.at/story/2000140294674/wie-die-quantenphysik-mit-unserer-vorstellung-von-realitaet-aufraeumt

46 https://www.weltderphysik.de/gebiet/teilchen/quanteneffekte/das-beobachtete-ist-nicht-objektiv/

47 https://gedankenwelt.de/dalai-lama-ueber-quantenphysik-und-spiritualitaet/

Die Kunst des Kommunizierens

Die höchste Form der Kommunikation ist der Dialog.

August Everding[48]

Im Zusammenleben mit anderen Menschen geht es immer darum, wie man kommuniziert. Eine Beziehung steht und fällt mit der Art und Weise, wie wir miteinander umgehen. An der Qualität der Kommunikation zu arbeiten und sie zu verfeinern lohnt sich immer.

Vier goldene Regeln der Kommunikation

Ich habe mich in Kursen als Erziehungsberaterin mit meinem Kommunikationsverhalten auseinandergesetzt und Korrekturbedarf bei der folgenden Thematik festgestellt:

Ich-Botschaften statt *Du*-Botschaften.

Sprechen Sie nicht vom anderen, sondern bleiben Sie bei sich. Sagen Sie nicht: »Du verstehst mich nicht!«, sondern: »Ich fühle mich nicht verstanden.« Auch von einem Kind kann man erwarten, dass es sich in die Situation der Erziehungsverantwortlichen hineinfühlen kann, wenn man ihm einfach erklärt, worum es geht.

»Du bist nur zu faul und könntest es besser!« Achtung! Alle wollten, wenn sie könnten! Übertreiben und verallgemeinern Sie nicht. Bleiben Sie konkret. Statt dem anderen ein »Immer« oder »Nie« an den Kopf zu werfen, beschreiben Sie, worum es genau geht.

Dazu folgender Gedanke: Wenn ein Kind wollte, würde es können. Oft gibt es einen Grund, weshalb man etwas nicht kann, wie man es möchte. Ein Kind könnte mehr, wenn es

48 https://www.quotez.net/german/kommunikation.htm

wollte, ist Theorie: Es gibt ein Hindernis, das wir womöglich nicht kennen.

Vergleichen Sie nicht.

Folgende Äußerung wird nicht zur Verbesserung einer Situation beitragen: »Mit Max klappt das viel besser.« Sprechen Sie stattdessen aus, wo genau ein Verbesserungsbedarf besteht.

Statt: »Mit Max klappt das viel besser«, sagen Sie lieber: »Komm, wir schauen uns die Rechenaufgaben noch einmal zusammen an und du sagst mir, was du nicht verstehst.« So wird nämlich das Problem in Angriff genommen und kein Vergleich gezogen.

Eine ebenfalls bessere Reaktion wäre: »Lass uns Max fragen, ob er dir das noch einmal erklären kann.« So kann in diesem Fall suggeriert werden, dass Max nicht besser ist, sondern gleichgestellt, und das Kind von ihm lernen kann.

Sagen Sie, was Sie möchten, und nicht, was Sie nicht möchten.

Verbannen Sie Verneinungen aus Ihrem Vokabular. Wenn Sie zum Beispiel möchten, dass das Kind die Türe schließt, sagen Sie nicht: »Lass bitte die Türe nicht offen«, sondern: »Bitte, schließ die Tür zu.« Oder statt: »Ich möchte nicht, dass du auf dem Sofa rumkletterst«, lieber: »Lass uns auf dem Spielplatz klettern gehen.«

Seien Sie empathisch.

Nehmen Sie ihr Gegenüber ganz bewusst wahr. Denken Sie daran, dass Ihr Kind Gründe für seine Sicht- oder Handlungsweise hat. Versuchen Sie, seine Gefühle und Bedürfnisse hinter seinen Worten oder Verhaltensweisen zu verstehen; erkennen und formulieren sie das.

Wenn das Kind weint: »Hast du dir weh getan?« Wenn es sich weigert, etwas zu tun oder zu essen: »Soll ich dir helfen?« / »Schmeckt es dir nicht?«

Zeigen Sie Wertschätzung.

Wertschätzung hat viel mit Respekt zu tun. Beides drückt eine innere Haltung aus, die Ihr Gegenüber spüren wird. Wenn es gelingt, dem anderen wertschätzend gegenüberzutreten, wird Kommunikation viel eher gelingen. So kann man zum Beispiel sagen: »Ich finde es schön, mit dir zusammen einkaufen zu gehen.« Oder: »Bist du ganz allein den weiten Weg gegangen?«

»Spiegeln«[49] als Kommunikationsform

Beim Spiegeln gibt man in eigenen Worten wieder, was der Gesprächspartner gesagt hat. Das signalisiert Interesse und schafft somit Vertrauen. Zusätzlich hilft es, Missverständnisse auszuräumen.

Eines der hilfreichsten Instrumente für die Praxis im Austausch mit unsren Kindern war das Spiegeln. In einer Weiterbildung habe ich von dieser Kommunikationsart erfahren und sie manchmal in besonderen Situationen ganz bewusst angewandt.

Da ich keine geborene Zuhörerin bin, impulsiv schnell Ratschläge erteile, sofort interpretiere und oft eh schon weiß, was mein Gegenüber sagen möchte, konnte ich mir so eine Gesprächsform aneignen, die mich stoppt. Sie gibt dem Kind mehr Raum und stärkt die Beziehung.

Beispiel: Das Kind kommt nach Hause und erzählt, dass es auf dem Pausenplatz Streit gegeben hatte.

Meine impulsive Reaktion (falsch!): »Ohje, das ist nicht schön, ich hoffe, ihr habt euch wieder versöhnt?« Damit ist das Gespräch zu Ende.

---

49 https://www.terrorpueppi.de/2018/01/kinder-spiegeln-spiegelung-gefuehle-aushalten-umgang-mit-gefuehlen.html

Die richtige Reaktion: Ich versuche zu spiegeln:

- Kind: »Heute gab es Streit auf dem Pausenplatz.«
- Ich: »Oh, ihr habt euch gestritten?«
- Kind: »Nein, ich war nicht dabei.«
- Ich: »Ah, du warst gar nicht beteiligt?«
- Kind: »Nein, es waren die Oberstufenschüler.«
- Ich: »Also die aus der neunten Klasse?«
- Kind: »Ja, der eine Junge hat sogar geblutet!«
- Ich: »Das war aber heftig!«
- Kind: »Ich konnte gar nicht hinsehen.«
- Ich: »Tat der Junge dir leid? Wie hast du dann reagiert?«
- Kind: »Ja, ich hatte Angst und bin weggerannt.«
- Ich: »Dann hast du nicht mehr gesehen, was passiert ist.«
- Kind: »Doch, ich habe noch gesehen, wie der Lehrer gekommen ist.«
- Ich: »Das hat dich dann beruhigt.«
- Kind: »Ja.«

Bei Kindern, die wenig erzählen, kann man auf diese Weise etwas mehr entlocken, wenn etwas vorgefallen ist.

Es geht immer darum, sich zu versichern, dass das, was ich heraushöre, auch wirklich so ist. Kleine Schritte und eine Wiederholung des Gesagten sind auch gut geeignet beim Festlegen von Regeln oder beim Planen von Aktivtäten.[50]

Das sogenannte aktive Zuhören funktioniert auf dem Prinzip der Empathie. Es ermöglicht dem Kind, seine Gefühle auszudrücken und individuelle Lösungen zu finden. Ehrliches Interesse am Anliegen des Kindes und die Bereitschaft, dessen Gefühle und Absichten zu ergründen, sind ausschlaggebend. Man kann auch noch mal zwischendurch zusammenfassen, nachfragen und sich vergewissern, ob das, was man aufgenommen hat,

50 https://www.erzieherin-ausbildung.de/praxis/fachpraktische-hilfe-fachtexte-leitfaeden-alltagshilfen/aktives-zuhoeren-kinder-und-deren

stimmig ist. Zum Beispiel: »Dann verstehe ich dich richtig, dass du enttäuscht warst, weil sich Susanne nicht mehr gemeldet hat?« Oder: »Ist es jetzt so, dass du gar nichts mehr von ihr wissen möchtest?«[51] Aktives Zuhören ist eine Kommunikationsform, die auch im Gespräch unter Erwachsenen zu empfehlen ist.

In der Pubertät ist die Kommunikation verändert. Es ist daher zentral, dass in den ersten Lebensjahren bis in die Vorpubertät mit circa zwölf bis vierzehn Jahren das Vertrauen gefestigt ist und ein gutes Gesprächsklima vorherrscht. Nachher wird es anspruchsvoller, gegenseitig einen guten Ton zu finden, da das Kind immer mehr eigene Wege gehen möchte (was auch gut ist). Es möchte sich abgrenzen und reagiert aus diesem Grund oft oppositionell. Es ist dennoch sehr wichtig, dass das Gespräch grundsätzlich nicht abbricht. Es ist auch da Geduld gefragt. Kinder und vor allem Jugendliche fühlen sich oft kontrolliert, wenn man Fragen stellt. Es stellt sich die Frage, wie man vermeiden kann, dass das Kind mein Interesse (und das sollte es auch sein,) nicht als Kontrolle wahrnimmt. Es braucht einen guten Moment und einen guten Einstieg, um mit dem Kind ins Gespräch zu kommen. Ich beginne oft damit, dass ich mit etwas Alltäglichem beginne und dann zu einer Frage übergehe. Wenn es darum geht, sich an das Kind heranzutasten, um zu erfahren, mit wem und was es sich gerade beschäftigt, ist Sensibilität gefragt. Ein Stolperstein kann sein, dass man bei Fragen insistiert und auf Antworten beharrt, die das Kind nicht beantworten kann oder möchte.

- Erwachsener: »Wie war es in der Schule?«
- Kind: »Geht.«
- Erwachsener: »Was heißt ›geht‹?«
- Kind: »Ja, einfach so.«
- Erwachsener: »Das klingt eher so, als wenn es nicht so gut lief.«
- *Das Kind erzählt.*

51 Vgl. https://hr4free.com/de/Gesprächsführungstechniken/Definition-des-aktiven-Zuhörens-nach-Carl-Rogers

Es ist wichtig, dass man subtil vorgeht und merkt, wann man es einfach gut sein lassen sollte.

Die vier Ohren

Schulz von Thun hat viele interessante Themen der Kommunikation aufgegriffen. Es ist erstaunlich, wenn wir uns vorstellen, dass »etwas sagen« verschiedene Ebenen beinhaltet:

- Eine Sachinformation (worüber ich mein Gegenüber informiere)
- Eine Selbstkundgabe (was ich meinem Gegenüber von mir selbst zu erkennen gebe)
- Einen Beziehungshinweis (was ich von meinem Gegenüber halte und wie ich zu ihm stehe)
- Einen Appell (was ich bei meinem Gegenüber erreichen möchte)[52]

Schon vor vielen Jahren lernte ich die Theorie der »vier Ohren« kennen. Nicht nur in einer professionellen Situation, sondern gerade auch im Alltag spielt die Thematik eine sehr große Rolle und es empfiehlt sich, hie und da zu reflektieren, mit welchem Ohr man gehört hat. Denn viele Missverständnisse kommen aus einer einseitigen Interpretation des Gehörten.

Dies passiert, indem wir eines der vier Ohren besonders offen haben: Das des Appels. Wir fragen uns, was die Person von uns will, anstatt es als Sachinformationen zu hören. Wir interpretieren etwas in eine Information, anstatt diese ruhig und neutral aufzunehmen.

Es kann durchaus passieren, dass ich im besten Glauben nur eine Sachinformation weitergebe, aber zum Beispiel mein Blick, der Ton, die Gestik oder Mimik noch etwas Persönliches transportiert, welches das Kind spürt und verunsichert. Das Kind schaut fragend, es reagiert mürrisch und manchmal muss man dann nachdoppeln und klären.

52 Vgl. https://www.schulz-von-thun.de/die-modelle/das-kommunikationsquadrat

Angepasste Kommunikation

Wenn man Kinder begleitet, stellt man bald fest, dass es nicht immer möglich ist, mit allen von ihnen genau gleich zu kommunizieren. Es ergeben sich immer wieder Situationen, die unbefriedigend sind, weil man nicht so richtig an das Kind herankommt. Es kann in diesem Zusammenhang hilfreich sein, etwas über Wahrnehmung und Reizverarbeitung zu wissen, um zu verstehen, was der Grund für das Problem sein könnte. Ich möchte Ihnen dazu einige vereinfachte Gedanken aus meiner Heilpädagogischen Schwerpunktarbeit mit auf den Weg geben. Sie spielen vor allem eine Rolle, wenn ein Kind eine besondere Wahrnehmungsverarbeitung hat.

Wahrnehmung und Reizverarbeitung sind komplexe Themen. Die Aufmerksamkeitsspanne, die Aufnahme und die Verarbeitung von Reizen erfolgt über alle Wahrnehmungskanäle.

In der Begleitung von Kindern ist die Verarbeitung über das Ohr ein zentrales Element und spielt in der Kommunikation eine entscheidende Rolle.

Das Kind ist unfolgsam, man spricht gegen eine Wand. Es steht tatsächlich im Zusammenhang mit der Abfolge und oder der Menge einer Information. Das Kind kann dem Inhalt nicht präzise folgen, ihn nicht genau aufnehmen und speichern und blockt ab, weil es verunsichert ist. Das sind Zeichen einer erschwerten Aufnahme und Verarbeitung, die eine Irritationen hervorrufen kann (man spricht von einer seriellen Wahrnehmungsbeeinträchtigung). Wenn ich Ihnen ein paar Gedanken zu diesem Thema weitergebe, ist das zwar sehr vereinfacht, aber für den Alltag hilfreich.

Wir reflektieren viel zu wenig, wie wir auf andere wirken. Dabei sollen wir authentisch sein – also so, wir wie wir sind. Aber das ist manchmal nicht genug. Ist eine Kommunikation mit dem Kind nicht stimmig, nicht erfolgreich, heißt das, dass man Anpassungen in der Art und Weise der Kommunikation machen sollte. Man kann sich selbst nur schlecht einschätzen, wie man auf andere wirkt. Es wäre sinnvoll, wenn eine andere Person, vielleicht der Partner / die Partnerin, ein Gespräch mit dem Kind aus der Perspektive der Intensität von Ton und Tempo und Gestik in einer Situation beobachten könnte. Am wichtigsten ist eine Anpassung der Kommunikation, wenn etwas vorgefallen ist, wonach man das Kind zur Rechenschaft ziehen muss oder ihm eine Anweisung geben möchte. Anweisungen sind schon von Natur aus direktiv. Wenn ein Kind auf alles, was direktiv ist, mit Opposition reagiert, ist der Ton eventuell zu laut oder zu leise, das Tempo zu schnell, der Inhalt zu direktiv. Wir wirken manchmal zu intensiv. Dies wird als Druck empfunden. Kinder mit einer hohen Sensibilität reagieren sehr schnell auf jeglichen Druck. Diesen kann man wegnehmen, indem man mit ruhiger Stimme oder einer Frageform spricht.

Hier einige Beispiele:

Direktiv	Besser (nicht direktiv)
»Zieh dich jetzt an!«	»Kannst du dich jetzt selbst anziehen?« (Es kann aber auch je nach Kind anders sein. Eventuell ist es angebracht, dass Ihr Ton bestimmt ist: »Ich möchte, dass du dich jetzt anziehst!« Sie müssen beobachten, welche Form das Kind besser integrieren kann.)
»Bitte, räum das weg!« (Auch das Wort »bitte« bringt nicht den gewünschten Erfolg, wenn die Stimme laut und schnell ist.) *Man kommuniziert direkt, kommt zielgerichtet auf den Punkt.*	»Du kannst bitte die Sachen wegräumen, damit wir Platz haben, um den Tisch zu decken.« *Es geht um die Umschreibung der Anweisung.* *Der Druck wird weggenommen.*

Manche Menschen rühmen sich damit, dass sie die Dinge direkt ansprechen. So weit, so gut. Aber diese Art kann sensible Menschen überrennen und eine etwas vorsichtigere Formulierung wäre zielführender.

Je indirekter Sie in solchen Situationen etwas formulieren und die Intensität von Ton und Tempo reduzieren, desto größer sind die Chancen, dass das Kind Ihr Anliegen aufnehmen wird und, ohne sich zu verschließen oder abzuwehren, zuhören kann.

Die Tochter meiner Freundin klagte, dass ihre Tochter sehr oppositionell regiere, wenn der Vater mit ihr spreche. Ich riet ihr, dem Vater zu sagen, dass er leise sprechen sollte. Es funktionierte tadellos. Die Tochter konnte dank der angepassten Lautstärke ihrem Vater zuhören.

Kritik und Feedbacks sollten generell zuerst angekündigt werden, etwa: »Ich möchte dir noch eine Schwachstelle zeigen.« Oder: »Da ist etwas noch nicht ganz in Ordnung.« – »Jetzt habe ich ein kleines Problem« – »Ich möchte mit dir noch über etwas sprechen.« – »Mir ist noch etwas aufgefallen.«

Es gibt immer Kinder, deren Reizverarbeitung sich nicht im Rahmen einer allgemein gewohnten Norm stattfindet.[53] Oft erfolgt eine Anpassung durch die Beziehungsperson problemlos und intuitiv. Emotionale oder stressbedingte Komponenten beeinflussen unsere Befindlichkeit und wirken sich aus auf unser Verhalten und unsere Art der Kommunikation. Wir verrennen uns mal und sind zu laut. Oft denken wir daran, geben uns Mühe und passen uns an. Wir können immer nachbessern. Man denke daran: *C'est le ton qui fait la musique!*[54] Es ist das Thema »Druck«, welches unsere Kommunikation beeinflusst. Zu viel Druck erzeugt eine Spannung und damit Gegendruck.

Erst in der Pubertät oder vielleicht schon in der Vorpubertät erleben Erziehungsverantwortliche Opposition als Zei-

53 Vgl. https://www.squeasewear.com/de/effect-von-tiefen-druck/

54 Französisch: »Der Ton spielt die Musik!«

chen der Ablösung und des Bedürfnisses, sich abzugrenzen.[55] Ist eine Beziehung stark genug, können die Bezugspersonen den Kindern vertrauen und lassen sie ihre eigenen Erfahrungen machen.

Dem Kind etwas abschlagen – »Nein« sagen können

In der heutigen Zeit fällt es Erziehungsverantwortlichen offensichtlich schwer, dem Kind etwas abzuschlagen, nein zu sagen. Ist es die Angst, das Kind in einer Weise zu etwas zu zwingen, das es nicht will, und es dadurch verletzt werden könnte, ist es die Angst vor dem Liebesverlust des Kindes, wenn man ihm etwas abschlägt, sind es Kompensationshandlungen infolge eines schlechten Gewissens oder einfach nur Trägheit und Bequemlichkeit?

Natürlich findet man sich selbst großzügig, wenn man alles erlaubt. Kurzfristig kann man das Kind damit glücklich machen. Aber eben *nur kurzfristig*. Das Kind lernt weder Grenzen zu akzeptieren noch zu verzichten. Zudem lebt es nach dem Lustprinzip und kann Wünsche nicht aufschieben.

Wenn Eltern möchten, dass ihr Kind weiß, dass es für gewisse Dinge keinen Spielraum gibt, sollte es dies im frühesten Alter lernen. Konsequent aber liebevoll, später mit Erklärungen und Hintergrundinformationen, soll das Kind spüren, dass die Erziehungsverantwortlichen es gut meinen, wenn sie etwas nicht erlauben oder mal »stopp« sagen.

Nein zu sagen muss nicht unbedingt direktiv erfolgen. Es ist besser zu sagen, was geht und was nicht geht, und je nach Alter auch, warum etwas erlaubt oder verboten ist. Es ist besser, wenn viele Dinge schon durch Rahmenbedingungen geregelt sind und nicht jede Kleinigkeit ausgehandelt werden muss.

Mit einfühlsamen, aber auch ernsten Worten erklärt man, weshalb etwas erlaubt ist oder nicht. Das braucht konsequen-

55 Vgl. https://www.feel-ok.at/de_AT/schule/themen/paedagoginnengesundheit/klassenmanagement/persoenlichkeit_entwicklung/wissenswertes/pubertaet.cfm

tes, ruhiges Führungsverhalten und ist die Basis für das Anerkennen von Grenzen für das ganze Leben. Es basiert auf dem Vertrauen in die Bezugsperson. Auch wenn das kleine Kind noch nicht verstehen kann, weshalb etwas nicht geht, fühlt es auf der Beziehungsebene, dass wir die Einschränkung aus Liebe anbringen. Die Erziehungsverantwortlichen verhalten sich nicht autoritär, aber sie sind eine Autorität und werden als diese wahrgenommen.

Manchmal versucht das Kind, eine großzügige, freiheitlich gestaltete Situation auszunutzen, oder es verweigert das Einhalten einer Regel aus Trotz. Sie machen sogar das Gegenteil von dem, nicht nur was erwünscht, sondern notwendig ist. In seltenen Situationen habe ich dann auch mal sehr laut gesprochen: »Bitte nutze mich nicht aus, es liegt einfach mal nicht drin!« Da geht es auch um ein Signal der Abgrenzung. Für eine gelingende Beziehung ist Vertrauen zentral. Ist es vorhanden, kann man auch einmal etwas lauter sprechen.

Zum Thema Vertrauen: Wenn man etwas verspricht, wird Wort gehalten oder wenn etwas nicht geht, kann man sich entschuldigen und erklären, weshalb es nicht möglich ist.

Noch ein anderes Thema: Wenn bei Kindern etwas nicht ordnungsgemäß läuft, sagen sie oft: »Ich bin doof.« Es ist dann wichtig zu erklären, dass nicht es selbst als Person nicht gut ist, sondern die jeweilige Sache oder Situation zu verbessern ist.

Trösten und Mut zusprechen

Erziehungsverantwortliche müssen wissen und in Kauf nehmen, dass Kinder hinfallen und sich weh tun. Es ist aber wichtig, dem Kind etwas zu trauen und Vertrauen haben, wenn es seine Umgebung erkundet, Freiräume auslotet oder den Schulweg in Angriff nimmt. Geben Sie ihm nach Bedarf Verhaltensregeln oder ein paar Tipps für gute Strategien mit auf den Weg.

Verständlich, dass man Angst hat, wenn ein Kind krank ist. Aber diese sollte sich in Grenzen halten: Zuerst sollte man durchschnaufen und etwas Abstand nehmen, nicht jedes

Wehwehchen dramatisieren. »Macht doch nichts« zu sagen ist aber auch nicht gut, denn man muss anerkennen, dass das Kind sich weh getan hat und signalisieren, dass man emphatisch mitfühlt. Aber man sollte nicht sofort zu einem Medikament greifen, ob es nun alternativ oder schulmedizinisch ist. Das erzeugt Abhängigkeit. Wie soll man Vertrauen in seinen Körper aufbauen, wenn einem eine kleine Unpässlichkeit aus der Ruhe bringt? Kinder sollen lernen, auf ihren Körper zu hören. Gemeinsam ortet man eine mögliche Ursache und greift zu einem Tee, das Kind ruht sich aus und profitiert von der zusätzlichen Fürsorge der Betreuungspersonen. Es braucht die Fürsorge beim Hinfallen und die Ermutigung zum Aufstehen.

Es ist unglaublich, wie oft und schnell man heutzutage zum Arzt geht. Vieles wird als krankhaft bezeichnet, was nicht in eine vorgegebene Norm passt, aber doch einfach eine Variante von Leben ist. Es ist ein heikles Thema, von welchem Zeitpunkt an man etwas als krankhaft einstuft. Heutzutage wird das viel schneller gemacht als früher und die Anzahl der Diagnosen ist gestiegen, was einerseits ein Segen und andererseits eine Gefahr bedeuten kann.

»Die Kompetenz, etwas auszuhalten, und das Vertrauen, dass es gut kommt, ist vielen abhandengekommen. Es fehlt auch oft an der Geduld. Man sollte einen gesunden Menschenverstand walten lassen, in Ruhe durchschnaufen und beobachten.«[56]

Ein Tipp, den ein Arzt mir gegeben hat: »Erst wenn eine krankhafte Störung sich nach drei Tagen verschlechtert, sollte man einen Arzt aufsuchen.« Ideal ist es, wenn das kranke Kind im Bett bleiben kann und Fürsorge erlebt.

Kindern hilft es, wenn die Eltern ihre Bedürfnisse wahrnehmen und ihnen Mut und Trost zusprechen. Größeren Kindern mache ich gern einen Tee mit Honig, sitze bei ihnen und sage: »Es wird gut!« Hat man die Blessur bei kleineren

---

56 Müller, Pascal: Überfülltes Kinderspital St. Gallen: Immer mehr Erziehungsverantwortliche bringen uns Kinder mit Bagatellfällen. In: St. Galler Tagblatt vom 13.07.2022.

Kindern verarztet, legt man sanft die Hand darauf oder legt den Arm um das Kind. Es entsteht ein intimer Moment gegenseitiger Zuneigung. Dann spricht man leise wie ein Mantra: »*Heile, heile, Segen, drei Tage Regen, dann kommt wieder Sonnenschein und es wird wieder besser sein!*«

Kommunikationsfallen

Es gibt viele kleinere Fehler, die den meisten Erziehungsverantwortlichen immer wieder passieren, welche die Kommunikation betreffen.

Ein Fehler, den ich oft gemacht habe, ist folgender: Ich habe zu viel geredet und zu wenig gehandelt. Ich habe gedroht und die Drohung aus guten Gründen nicht wahrgemacht. Anstatt immer lauter zu werden, kann man zum kleinen Kind hingehen und ihm helfen, zum Beispiel schneller vorwärts zu kommen. Ich habe dann gedroht: »Du kannst zu Hause bleiben, wenn du dich jetzt nicht beeilst!«

Ein weiterer Fehler: Wir stellen offene Fragen und meinen diese aber als eine Aufforderung, etwas zu tun. Ich fragte einmal einen unserer Söhne, ob er auf dem Schulweg ein Brot einkaufen würde. Er sagte, er hätte keine Lust. Der jüngste Sohn hörte das und entsetzte sich. Ich sagte, ich habe gefragt und dann darf man auch nein sagen. Er darauf: »Dann darf ich auch nein sagen, wenn du fragst.« Natürlich! Wenn ich gewollt hätte, dass unser Sohn ein Brot kaufen soll, hätte ich ihm eine klare Anweisung geben müssen.

Konfliktfähigkeit

> *Durch allzu langen Streit verliert man die Wahrheit.*
>
> Publilius Syrus[57]

Machtkämpfe in der Familie

Machtkämpfe sind immer wieder schnell im Gang, wenn Erziehungsverantwortliche etwas unbedingt durchsetzen wollen und das Kind um keinen Preis einlenken will. In dieser Situation ist es entscheidend zu beurteilen, wie wichtig das Thema ist.

Kann man das Durchsetzen vernachlässigen, können Erziehungsverantwortliche ruhig nachgeben und bewusst erklären, dass sie darauf verzichten, und auf eventuelle, logische Konsequenzen hinweisen.[58] Bei einem wichtigen Thema sollte man darauf bestehen, dass man eine Lösung finden muss, die für das Kind einsehbar ist.

Sagen Sie nie: »Mach, was du willst.« Für das Kind ist dies schlecht, da es dann keine wirkliche Erlaubnis bekommen hat. Die Antwort liegt zwischen ja und nein. Was das Kind jetzt auch macht, es wird nicht wirklich richtig sein. Das nennt man *Doublebind* (oder »Zwickmühle«).

Sagen Sie besser: »Ja, das kannst du so machen, auch wenn ich meine Zweifel habe.« Oder es bleibt beim Nein und einer gemeinsamen Lösungssuche mit Alternativen. Erklären Sie immer Ihre Bedenken und Sorgen. Machtkämpfe gibt es überall: Am Arbeitsplatz, in der Politik, unter Nachbarn. Schaffen Sie immer eine klare, transparente Situation.

Auch beim Streit geht es um Macht, Egoismus und Rechthaberei. Früher war das Kind immer an allem schuld. Heute ist das

57 https://beruhmte-zitate.de/zitate/124363-publilius-syrus-durch-allzu-langen-streit-verliert-man-die-wahrhei/

58 Nicht als Druckmittel!

Kind praktisch nie schuld. Aber es geht auch nicht darum, immer und überall Schuldige zu suchen, um sie dann auch zu verurteilen. Dies führt dazu, dass es Täter und Opfer gibt. Dass der Täter oder die Täterin zuerst Opfer war, bevor er / sie zum Täter / zur Täterin wurde, sollte in die Überlegung einbezogen werden.

In einem Konflikt geht es immer auch um eine individuelle Wahrnehmung. Sie ist von der persönlichen Entwicklung, unseren Bedürfnissen und Denkmustern geprägt. Wir sollten versuchen, als Bezugsperson eine möglichst objektive Beurteilung der Lage vorzunehmen. Wenn Kinder eine kurze Auseinandersetzung haben, auch mal mit etwas Körpereinsatz, können sie das unter sich ausmachen. Aber wenn es ernster wird und, vor allem, wenn immer dasselbe Kind den Kürzeren zieht, sollte man helfen zu schlichten und aufzuzeigen, wie man Streitereien gewaltfrei lösen kann.

Die Anlässe für Geschwisterstreit variieren mit dem Alter der Kinder. Besitzkonflikte (zum Beispiel: »Das ist *meine* Puppe!« – »Nein, *ich* hatte sie zuerst!«) stehen dabei an erster Stelle. Die Anlässe sind aber nur die Spitze des Eisbergs. Darunter liegen die wichtigen Themen, nämlich Fragen der Durchsetzungskraft, Autonomie und Wertschätzung. Also: Wer darf bestimmen? Kann ich mich durchsetzen? Wen haben Mama und Papa mehr lieb?

Dazu die Diplom-Psychologin Frau Dr. Johanna Graf:

> *»Wenn sich immer wieder die gleichen Kämpfe abspielen und sich die Interaktionsmuster wiederholen – wenn zum Beispiel ein Kind meistens dem anderen überlegen ist – dann bildet sich ein inneres Modell aus, das Antworten enthält auf Fragen wie: Wer bin ich? Bin ich liebenswert? Wie sehen Beziehungen aus? Diese sind auch für die weitere Entwicklung prägend.«*[59]

---

59 https://mobil-krankenkasse.de/wissen-gesundheit/magazin/01-2017/streit-unter-geschwistern-was-tun.html

Je nachdem, wie konstruktiv oder destruktiv die Konflikte ausgetragen werden, können sie mehr oder weniger abträglich sein. Das unterlegene Kind kann dann zum Beispiel verinnerlichen: »Nur wenn ich immer nachgebe und meine Bedürfnisse unterordne, werde ich akzeptiert.« Ständiger Streit unter Geschwistern kann das Selbstwertgefühl nachhaltig schädigen. Hinter Streit unter Geschwistern kann sich Eifersucht, Unter- oder Überforderung, Unlust oder Langeweile verstecken.

Streiten lernen

Was soll man tun oder nicht tun? Dazu sagt Dr. Johanna Graf:

> *»Auf keinen Fall soll man die Kinder beim Streiten sich selbst überlassen, man darf auch nicht dazwischen gehen und als ›Schiedsrichter‹ entscheiden, wer Recht hat. Kinder brauchen vielmehr bis ins Jugendalter hinein die Begleitung Erwachsener, wenn es darum geht zu lernen, sich in emotions- und konfliktgeladenen Situationen kompetent zu verhalten.«*[60]

Konflikte selbstständig lösen zu können ist ein wichtiges Erziehungsziel. Erziehungsverantwortliche sollten die innere Haltung vermitteln, dass alle Gefühle erlaubt sind, aber nicht jedes Verhalten. Sie sollten den Kindern zeigen, dass diese ihnen beide am Herzen liegen und dass man beide verstehen kann. Ganz wichtig ist es, negative Gefühle nicht kleinzureden, sondern sie in Worte zu fassen, also zum Beispiel: »Du hattest dir so viel Mühe gegeben, den Turm zu bauen – da wäre ich auch wütend, wenn …« Das trägt maßgeblich zur Beruhigung bei.

---

60 https://mobil-krankenkasse.de/wissen-gesundheit/magazin/01-2017/streit-unter-geschwistern-was-tun.html

Bei Streit ist nicht in erster Linie die Analyse das, weshalb etwas passiert ist, zentral, oder die Frage, wer angefangen hat oder schuld ist. Es wird erst einmal das Problem, worum es geht, erkannt und anschließend soll eine Lösung gesucht werden, welche allen Involvierten entspricht. Man sollte vermeiden, dass Kinder in die Opferrolle verfallen, obwohl es für einen kurzen Moment attraktiv erscheinen mag, mit dem Wehklagen aufzufallen und Aufmerksamkeit auf sich zu ziehen. Nach Streit ist es wichtig, sich wieder zu versöhnen!

Interesse an Stelle von Lob und Tadel

Wird allzu oft über Verhaltensweisen, die nicht erwünscht sind, hinweggeschaut und alles toleriert, werden Sie als Bezugspersonen ausgenutzt und nicht respektiert. Bleiben sie authentisch! Sagen Sie ruhig, unmissverständlich und bestimmt, was sie vom Kind erwarten und welches Ihre Motive sind. Besprechen sie zusammen, wie man zum gewünschten Verhalten kommen könnte. Finden Sie mit dem Kind zusammen heraus, welche Unterstützung es braucht. Formulieren Sie, worum es genau geht. Das Kind muss den Sachverhalt, die Regel genau kennen und bestätigen, dass es diese verstanden hat. Es ist so wie bei einem Vertrag: Alle Beteiligten nehmen die Regeln zur Kenntnis und geben ihr Okay.

Lob und Tadel können zu Machtmissbrauch eingesetzt werden. Strafen gehören nicht zum demokratisch-autoritativen Erziehungsstil. Sprechen Sie darüber, was die Konsequenz sein würde, wenn es immer wieder Übertretungen gibt. Strafen haben langfristig gesehen nicht die erwünschte Wirkung. Sie rufen negative Gefühle wie Wut und Hass hervor, wirken entmutigend und verletzend. Das Kind fühlt sich minderwertig oder hat Angst. Auf alle Fälle sollten Drohungen vermieden werden. Strafen und Drohungen sind Zeichen von Hilflosigkeit. Anstatt zu tadeln, was nicht gut ist, kann man sachlich kommentieren: »Die Hausaufgaben sind nun gemacht, nun räumen wir noch zusammen das Zimmer auf.«

Trotzdem: Wenn das Kind Regeln missachtet oder eine Aufgabe nicht erledigt, soll es lernen, die Verantwortung für sein Handeln zu übernehmen. Eine Konsequenz beinhaltet im Gegensatz zur Strafe die Chance, daraus zu lernen. Ein Beispiel: Wenn man trödelt, kann man vielleicht nach dem Hausaufgabenmachen nicht mehr spielen …

Loben und Belohnungen einzusetzen hat Tücken. Diese können einen Hauch von Erpressung beinhalten. So sagt Alfie Kohn: [61]

> *»Verhält sich das Kind so wie wir es wollen, dann bekommt es von uns Lob, Zuneigung, Aufmerksamkeit. Verhält es sich nicht unseren Wünschen entsprechend, bekommt es Ablehnung, Tadel, Strafe. Lob macht abhängig von der Meinung anderer. Es konditioniert unsere Kinder dafür Dinge zu tun oder sich zu verhalten, um anderen zu gefallen.«*[62]

Das Kind muss lernen, über Dinge nachzudenken, und das geht nicht mit Manipulation. Grundsätzlich sehe ich das auch so. Aber ich finde, dass ein ehrliches Lob hie und da nicht schadet.

Manipulativ kann auch das Loben von Zeichnungen wirken. Arno Stern, ein in Deutschland geborener Pädagoge, sagt dazu:

»Kinderzeichnungen gibt es nicht. Es gibt bloß die Spur, die Kinder auf Papier hinterlassen.« Das behauptet Kunsterzieher Arno Stern, der Erfinder der Malorte über kindliche Ausdrucksweisen, erwachsene Erwartungen und falsche Bewertungen.[63]

Wenn Erziehungsverantwortliche den ganzen Tag über bei

---

61 https://chezmamapoule.com/alfie-kohn/

62 https://chezmamapoule.com/loben-alfie-kohn/

63 Vgl. https://www.wireltern.ch/artikel/kinder-zeichnen-aus-purer-lust

jeder kleinsten Tat »Super, super!« ausrufen, kann sich das Kind selbst nicht einschätzen und wird später sehr frustriert sein, wenn in der Schule nicht immer alles super-super läuft.

Beim Spiel, beim Basteln oder beim Zeichnen und Malen geht es um die Selbsteinschätzung. Damit diese sich entwickeln kann, empfiehlt es sich, eine Leistung zu beschreiben: »Du hast nun schon zwei Würfel gestapelt.« – »Ich sehe, du hast viele Farben verwendet.« So kann man Interesse, Wohlwollen und Anerkennung zeigen.

Beobachten als Grundlage der Interaktion

Mein Kind muss nicht perfekt sein, sondern glücklich.

U. H.

Mein Kind kennen lernen

Die Persönlichkeit als Ganzes offenbart sich schon am ersten Tag. Man muss aber sein Kind wirklich kennen lernen. Dies ist auch für die Beziehung zentral. Zu einer guten Beziehung gehört deshalb das Beobachten. Die Bezugsperson kann sehen, wo man eine kleine Anregung geben kann, etwa beim Spiel, beim Lernen oder beim Lösen von Problemen, damit das Kind selbst einen Schritt weitermachen kann. Das nennt man Interaktion.

Die Interaktion beruht auf Gegenseitigkeit, auf einem Hin und Her eines Austauschs. Dabei darf man nicht zu sehr eingreifen und nur ganz kleine Denkanstöße oder Ideen anbringen. Die Interaktion kann aus Handlungen, Worten oder Gesten bestehen, zum Beispiel: Sie holen eine Schere und machen darauf aufmerksam, dass das Kind das Papier, das es in der Hand hält, zerschneiden kann. Oder man zeigt dem Kind etwas mit den Worten: »Schau, dort gibt es noch andere Tiere, die auch noch in den Stall möchten.« Auch ein anerkennendes Nicken zeigt dem Kind, dass Sie gut finden, was es macht.

So wie Sie sich in den vorherigen Kapiteln die Frage »Wer bin ich?« gestellt haben, stellt sich nun die Frage: »Wer ist mein Kind?« Und es geht ja oft nicht nur um ein Kind, sondern um mehrere, verschiedene Kinder, die alle ihre eigene Persönlichkeit haben. Das bedeutet, dass ich als Bezugsperson zu jedem einzelnen Kind eine Beziehung aufbauen muss, was eine große Herausforderung bedeutet. Beobachtungen sollten aus Interesse angestellt werden. Das heißt, nicht wertend, interpretierend oder vergleichend zu sein. Es geht einfach darum, das Kind in seiner Persönlichkeit kennenzulernen, es *wahrzunehmen*. Wie geht es mit Spielsachen um? Womit spielte es? Was sind die Qualitäten dieses Spiels?

Daraus ergeben sich Überlegungen, in welcher Form das Kind Anregung oder Unterstützung in Form von Hilfe zu Selbsthilfe braucht, oder um Spiel und Betätigungsanregungen. Dabei ist auch zu beachten, dass man einem Kind generell zutrauen kann, dass es dem Alter entsprechend auf seine Art und Weise und nicht nach unseren Vorstellungen mit Situationen, Material und Personen umgehen kann. Schreibt man ein paar Stichworte auf, über welche Fertigkeiten und Fähigkeiten ein Kind verfügt, stellt man erstaunlich verschiedene Kompetenzen fest.

Es fallen vor allem Geschicklichkeit mit dem ganzen Körper, mit den Händen oder sein Problemlösungsverhalten auf, zum Beispiel, wenn es ein Geschenk auspackt. Wenn Sie als Bezugsperson mit Ihrem Kind auf dem Spielplatz sind, wäre es sehr wichtig, wenn Sie nicht permanent auf Ihr Smartphone schauen würden. Diese Gelegenheit, dem Kind zuzuschauen, es aufzumuntern, ihm kleine Tipps zum erweiterten Spiel zu geben, ist Gold wert und stärkt das Vertrauensverhältnis.

Auch soziale Kompetenzen zeigen sich früh, etwa an der nonverbalen Kommunikation eines Kleinkindes, oder an seinen sprachlichen Kompetenzen, sein Sprachverständnis, seine Aussprache, wenn es größer ist. Man kann beobachten, wie die Qualität des Spiels ist, der Krafteinsatz, das Erfassen von Zusammenhängen, das Tempo oder das Vorgehen. Hat das Kind eine Strategie, geht es systematisch vor, stellt es sich zusätzliche Aufgaben, indem es variiert, ist es experimentier- oder risikofreudig, aufgeschlossen oder distanziert? Packt es an, beobachtet es erst, erfindet es selbst Neues oder liebt es Vorgaben? Diese und noch viele andere Dinge werden Erziehungsverantwortliche über ihr Kind erfahren, wenn sie sich hie und da einen Moment Zeit nehmen und ihm beim Spiel einmal ganz bewusst zuschauen.

Beobachtungen, welche das Verhalten des Kindes reflektieren, sind die Grundlagen, um etwas über die Wahrnehmungsverarbeitung des Kindes und seiner Vorliebe und die Technik zu erfahren. Sie lernen die individuelle Persönlichkeit ihres Kindes so kennen. Es wird alle Verhaltens- und Lernweisen, die es als Kleinkind aufweist, auch für später behalten, sie ergänzen, verfeinern und auch zu kompensieren lernen.

Bei unserem Nachbarsjungen fiel mir auf, wie er schon in ganz jungem Alter mit den flachen Holzstäbchen von Kalpa die virtuosesten Gebilde erschaffen konnte. Die Schulzeit verlief von der Leistung her nicht ganz problemlos. Bei der Berufswahl war er eher ein wenig ratlos gewesen. Ich machte seine Mutter auf seine konstruktive Begabung aufmerksam. Und wirklich: Marco[64] schnupperte bei einem Konstrukteur und dort wurde er schnell als geeignet erkannt.

Bei den auffälligen Kindern hat man lange immer nach den Defiziten und gesucht. Heute setzt man ganz bewusst bei den Ressourcen an. Wird ein Kind in seiner Persönlichkeit unterstützt, entwickelt es genug Selbstvertrauen und kann auch an seinen schwächeren Seiten arbeiten.

Verschiedene Intelligenzen und Begabungen nach Howard Gardner[65]

1. Sprachliche Intelligenz

zeigt sich unter anderem, wenn das Kind viel und gerne, deutlich, zusammenhängend und ausdrucksvoll spricht, ausdauernd Geschichten zuhört oder gern welche erfindet.

2. Logisch-mathematische Intelligenz

zeigt sich unter anderem, wenn ein großes Interesse an Zahlen, Farben und Formen vorhanden ist, oder wenn das Kind gern Objekte sortiert und ordnet, Strategien im Spiel entwickelt und logische Schlüsse äußert.

---

64 Name geändert.

65 https://www.kinderland2000.de/167854-kinderland-2000-de-wAssets/docs/intelligenz-nach-howard-gardner.pdf

3. Bewegungsintelligenz

zeigt sich unter anderem, wenn Bewegungen leichtfallen und flüssig wirken, wenn Bewegungen gerne imitiert werden und Rhythmik in der Bewegung erprobt wird. Bewegungsintelligenz zeigt sich auch durch gutes feinmotorisches Geschick.

4. Musikalische Intelligenz

zeigt sich unter anderem, wenn das Kind gern und häufig singt, es gehörte Melodien und Rhythmen gern wiedergibt, leicht neue Lieder lernt, bestimmte Musikrichtungen bevorzugt, einen Rhythmus halten kann und Interesse an Klängen und Tönen zeigt.

5. Soziale Intelligenz

zeigt sich unter anderem, wenn das Kind gern mit anderen Kindern zusammen ist und mit ihnen spielt, es gerne hilft, Kompromisse eingehen und aufmerksam zuhören kann, Einfühlungsvermögen zeigt und es Spiele gern und häufig anleitet.

6. Praktische Intelligenz

zeigt sich unter anderem, wenn das Kind gern Dinge auseinandernimmt oder auch zusammensetzt, gerne mit Bausteinen konstruiert, ein gutes räumliches Vorstellungsvermögen aufweist und es durch die Methode »Versuch – Irrtum« lernt.

7. Wissenschaftliche Intelligenz

zeigt sich unter anderem, wenn das Kind häufig Veränderungen oder Details in seiner Umwelt bemerkt, gerne Dinge oder Ereignisse miteinander vergleicht, wenn es Was-wäre-wenn?-Fragen formuliert, gern einfache Experimente ausführt und häufig Erklärungen erfragt.

8. Naturalistische Intelligenz

zeigt sich unter anderem, wenn das Kind sehr sensibel für die Natur ist und gerne Naturphänomene wie den Regen, den

Wechsel der Jahreszeiten, aber auch Tiere und Pflanzen beobachtet. Es ist dazu in der Lage, winzige Unterschiede zu erkennen, etwa bei verschiedenen Tierarten.

9. Intrapersonelle Intelligenz

zeigt sich unter anderem, wenn das Kind mit seinen eigenen Gefühlen sehr gut umgehen kann und seine persönlichen Grenzen kennt. Es kennt seine Bedürfnisse und Stärken ganz genau.[66]

Es geht um die Fähigkeiten, Interessen und Lernstile der Kinder.

Howard Gardener sagt, dass Kinder nach eigenen Begabungen lernen sollten. Möchten Sie eine genaue Analyse der Begabungen Ihres Kindes machen: Unter diesem Link findet man eine Anleitung zum Differenzieren für Zweitklässler.[67]

Werten von Stärken und Schwächen

Je nach der Brille, die wir tragen, sehen wir Eigenschaften in einem unterschiedlichen Licht. In welchem Kontext, in welcher Kultur wir uns befinden, es sind nicht überall die gleichen Kompetenzen gefragt. Unsere westliche Welt ist von männlichem Denken geprägt: Machbarkeit, Beweisbarkeit, Quantität.

Doch jede schwache Seite in uns kann auch eine Stärke beinhalten und umgekehrt ist das auch so. Die Frage ist wann, wie und weshalb etwas in die entgegengesetzte Richtung kippt und darauf sollte man achten und daraus lernen. Hier folgen Beispiele von Schwächen und den darin verborgenen Stärken.

---

66 Vgl. https://open-mind-akademie.de/multiple-intelligenz/

67 http://www.begabungsfoerderung.ch/pdf/tagungen/unterlagen_12/WS2_Bruehlberg/9%20Intelligenzen%20Garndners.pdf

Schwäche	**Stärke**
Schludrig	Großzügig
Hyperaktiv	Bewegungsfreudig
Unangepasst	Individuell
Unüberlegt	Risikofreudig
Schwatzhaft	Kommunikationsfreudig
Chaotisch	Kreativ

Motivation und Erfolg

Zu wenig geben ist Diebstahl – zu viel geben ist Mord.

Ruth Cohn[68]

Auch kleine Erfolge machen glücklich

Erfolgserlebnisse hat schon das kleine Kind, wenn es beispielsweise ein hängendes Spielzeug, welches am Bettchen hängt, beim Tasten danach erwischt, wenn es zwei Würfel stapeln oder »Mama« sagen kann. Menschen, vor allem Kinder brauchen Erfolgserlebnisse.

Das kleine Kind kann mit den Schienen der Holzeisenbahn zuerst zwei oder drei Teile zusammenfügen, erst später wird es einen Kreis bilden können. Kinder können erst im Alter von circa drei Jahren einen Kreis zeichnen und auch bilden. Vermiesen Sie ihm nicht den Erfolg, dies selbst herauszufinden, indem Sie ihm das vorwegnehmen! Es braucht keine Supererfolge mit Medaillen am Schluss. Es sind die kleinen Herausforderungen im Alltag, im Spiel, die glücklich machen können, zum Beispiel, wenn es zu den Eltern rennt und ruft: »Schaut, ich habe den Legomotor zusammengebaut!« Oder: »Ich habe die Matheaufgabe ganz allein lösen können.«

Erfolge tragen dazu bei, dass Kinder sich zu stabilen Persönlichkeiten entwickeln. Aber auch der Umgang mit Misserfolgen muss gelernt werden. Anreize, ein Ziel zu erreichen und dabei unterstützend zu wirken, sind wichtig. Das Kind übernimmt dabei aber die Selbstverantwortung.

Beim Spiel sind es Anregungen, wie zum Beispiel zusätzliche Materialien, mehr Raum, oder eine Anregung das

---

68 Cohn, Ruth C.: Es geht ums Anteilnehmen. Die Begründerin der TZI zur Persönlichkeitsentfaltung. Freiburg. Herder, 2001. S. 142.

Spielmaterial auf eine andere Art zu benutzen. Mit Lego®, Baumaterial oder Playmobil® kann man verschiedene Konstruktionen erfinden. Fahrzeuge brauchen Material für die Ladung. Puppen und Stofftiere benötigen Saisongerechte Kleidung.

Beim Basteln gibt es vorgefertigte Packungen, aber auch mit angeblich wertlosem Material kann man Dinge kreieren. Man kann auch mit Zauber- oder Chemiekästen experimentieren, Fahrräder selbst reparieren oder mit dem 3D-Drucker Dinge herstellen, auf dem Rechner Fotos bearbeiten, Grafiken oder andere Bilder kreieren. Kinder und Jugendliche können kochen und backen, der selbstgemachte Gugelhopf war bei uns immer ein Renner. Man kann Speckstein bearbeiten, mit Ton modellieren, zeichnen, malen und vieles mehr. Auch etwas säen, ein Tagebuch führen oder Krimis erfinden. Es entstehen immer Produkte, die man selbst hergestellt hat und die mächtig stolz machen. Der Prozess ist dabei wichtiger als das Ziel.

Kinder können schulischen Erfolg haben, wenn sie einen Text oder biologische, chemische Zusammenhänge verstehen, wenn Mathe wie ein Rätsel erscheint, das man lösen kann, wenn man genug gelernt und in einer Prüfung gute Zensuren hat. All dies gute und wichtige Erlebnisse. Das ist möglich, wenn das Kind nicht überfordert ist, die Rahmenbedingungen stimmig sind und die Motivation vorhanden ist.

Bei der Themaförderung ist es wichtig, ein Kind nicht zu unter- oder zu überfordern. Diese Tabelle kann hilfreich sein zu schauen, wann ihr Kind ungefähr bereit ist für Anregungen bei verschiedenen Themen.

Erfolg muss nicht heißen, dass jedes Kind ein Star werden muss! Natürlich kann ein Erfolg auch in der Musik oder im Sport wertvoll sein, doch auch bei Rechnerspielen kann man ein höheres Level erreichen, was motivierend wirkt und ein Erfolgserlebnis beinhaltet.

Es gibt Kinder, die stricken, nähen (mit und ohne Maschine), sticken, Haustiere pflegen, etwas sammeln oder beobachten. Wichtig ist bei all diesen Dingen, dass das Kind mit seinen Bemühungen und Tätigkeiten Erfolg hat.

Es gibt sicher Überlegungen, wo Erfolge am nachhaltigsten sind. Ich denke an ein Ereignis im Zusammenhang mit einer Wanderung auf einen Berg mit Steigfellen an den Skiern. Mein mittlerer Sohn sagte, er fände das total unsinnig, so auf einen Berg zu steigen, da es doch wenig daneben eine Berg-Bahn gab. Er stapfte dann unlustig davon. Er war aber dennoch der erste, der oben auf dem Berg angekommen war.

Nach der Abfahrt ins Tal sagte er begeistert: »Ich habe noch nie eine Abfahrt so genossen. Das war voll cool!« Jahre später erzählte er seinen Kindern mehrmals von diesem Erlebnis. Das zeigt, wie eine Initialerfahrung nachhaltig wirken kann.

Bezugspersonen sollten darauf achten, dass es immer wieder Situationen gibt, in denen man sich ein wenig anstrengen muss. Das bringt Erfolgserlebnisse. Hat man sich kraftvoll eingesetzt, spürt man Zufriedenheit! Bei Mentaler Stärke sagt eine innere Stimme: »Ich kann das!«

Kräfte mobilisieren

Ich glaube wirklich, es ist ein guter Ansatz, sich zu überlegen, wo Kinder heute Widerstände überwinden, etwas anpacken müssen. Hierbei geht im weitesten Sinne um Arbeit, das kann körperliche, geistige oder Handarbeit sein. Immer geht es darum, sich auf etwas mehr oder weniger Anspruchsvolles zu fokussieren, um sich dann auf die Aufgabe einzulassen, sich ein Ziel zu setzen. Wenn etwas misslingt, braucht man einen kleineren oder größeren Kraftakt für die Überwindung der Enttäuschung. Wir wehren uns generell eher gegen alles, was Mühe macht und einer Anstrengung bedarf. Da geht es darum, den inneren Widerstand zu überwinden.

Man sagt auch, dass man eine Aufgabe bewältigen kann: Es ist ein Kraftakt. Die Tendenz, dass Erziehungsverantwortliche dem Kind alle Hindernisse aus dem Weg räumen, nimmt dem Kind die Möglichkeit, mit schwierigen Situationen umzugehen. Als Heilpädagogin habe ich eine Zeit in der Frühförderung gearbeitet. In dieser Zeit habe ich im Gespräch mit Erziehungsverantwortlichen oft auch darüber gesprochen ob eine natürliche Geburt eventuell die erste große Chance für ein Kind ist, Widerstand zu überwinden. Der Kaiserschnitt ist eigentlich eine Notlösung, wird aber zunehmend aus vielerlei Gründen gewählt, die nicht zwingend sind.

Wir weichen schwierigen Situationen generell aus und gehen den Weg des geringsten Widerstandes. Die Genugtuung und die Freude sind aber umso größer, wenn man trotz aller Ängste oder Unlust eine Hürde genommen hat, die anspruchsvoll und nicht leicht zu meistern war.

Wir sind gewohnt, dass vieles heutzutage ohne Anstrengung geht: Kinder streichen pausenlos über das Smartphone. Sensoren berühren, Schalter kippen und drehen, Roboter anstellen … All dies ist bequem, macht aber nicht unbedingt zufrieden.

Der Begriff »Arbeit« ist bei vielen Menschen sehr negativ besetzt, das überträgt sich auf die Kinder. Es fehlen die Erfahrungen, dass Arbeit positiv sein, ja, *Spaß* machen kann. Aber leider können die meisten Menschen nur davon träumen, dass das so ist. Kräfte zu mobilisieren kann in unserer Zeit am ehesten im Sport eingefordert werden.

Ich halte es für keine leichte Aufgabe, den Kindern und sich selbst Erfolgserlebnisse, die ganzheitliche Erfahrungen für Körper, Seele und Geist sind, zu ermöglichen.

Auch Spürinformationen mit den Händen fehlen vielen Kindern. Bei allen Handarbeiten kommt die Feinmotorik zum Zug, dabei braucht man eine abgestimmte Kraftanpassung der Hände.[69] Auch beim Basteln und bestimmten Werktechniken kann das geübt werden. Sportaktivitäten

69 Vgl. https://www.topp-kreativ.de/kinder/handarbeiten/?p=1

wie Radfahren, klettern, Tauziehen, Sand schaufeln oder Laufspiele erfolgen über die Grobmotorik und ziehen den ganzen Körper mit ein. Die Erfahrungen, die Kinder durch Wahrnehmung sammeln, haben verschiedene Effekte, etwa auf die Konzentration in der Schule, die Verarbeitung von Informationen oder den Umgang mit anderen Kindern.[70] Man findet hierzu auch Anregungen im Internet.[71]

---

70 Vgl. https://www.prokita-portal.de/bildungsbereiche-entwicklungsziele-kita/wahrnehmung-sinne-kita/

71 https://www.fit-4-future.ch/files/fit4future/files/uebungssammlung-ausdauerspiele_de.pdf

Bedürfnisgerechte Bildung

Nicht alle Kinder Lernen das Gleiche zur gleichen Zeit auf die gleiche Weise!

Kathy Walker[72]

»Zu viele Studierende sind überfordert. Das ist verheerend: ein Appell zum Umdenken.«

Julian Nida-Rümelin[73]

Die Akademisierungsfalle: Ein Plädoyer für die praktische Intelligenz (Margrit Stamm, Erziehungswissenschaftlerin)

»Für immer mehr Berufsausbildungen braucht es eine Matura, z. B. um Kindergärtnerin oder Pflegefachmann zu werden. Viele internationale Unternehmen wollen nur noch Leute mit einem Hochschulabschluss einstellen. Die Schweiz braucht mehr akademische Power! Tatsächlich?

Wir nehmen die Nachricht, dass die Quote der unter 35jährigen Professoren bereits auf über 10% gestiegen und damit der Nachwuchs der akademischen Leistungsexzellenz gesichert sei, mit Genugtuung oder gar Bewunderung zur Kenntnis. Deutlich weniger Eindruck macht uns der begabte Schreiner-Lehrling, der bereits

72 https://www.sandra-warsewicz.de/2020/04/11/die-schönsten-zitate-bildung-erziehung-entwicklung/

73 https://www.tagesspiegel.de/wissen/zu-viele-studierende-sind-uberfordert-4592062.html

im zweiten Ausbildungsjahr die Struktur von Hölzern erkennen und ein Werkstück nach Zeichnungen detailgetreu erstellen kann. Und noch weniger Eindruck macht uns die junge Frau, die sich von einer schlechten Realschülerin zu einer Bau-Polierin in einem Großunternehmen hochgearbeitet hat, die Bauunternehmung auf der Baustelle vertritt und 20, vorwiegend männliche, Mitarbeitende führt.

Die Schweiz entwickelt sich zu einer Bildungsgesellschaft. Dass ein wachsender Anteil der Berufstätigen eine höhere Bildung hat, ist somit alles andere als negativ. Immer besser ausgebildete Berufsleute sind im Hinblick auf die internationale Anschlussfähigkeit ein Muss. Vor diesem Hintergrund ist der ›bildende‹ Anteil vieler Berufslehren sicher zu klein. Aber insgesamt wird das schulische Wissen überbewertet. Dies führt dazu, dass der ›Akademisierungsboom‹ zu einer ›Akademisierungsfalle‹ wird und dabei Ausmaße annimmt, die über das Ziel hinausschiessen. Denn viele Stellen sind plötzlich nur noch auf einen kleinen Kreis von Diplomierten zugeschnitten. Fachleute mit vorwiegend praktischen Fähigkeiten werden von Berufen ausgeschlossen, die bisher genau solche praktischen Kompetenzen verlangt haben.

Neben dem Fachwissen braucht es auch einen gesunden Menschenverstand respektive eine Portion Intuition.

Was bedeutet dies für die ›Akademisierungsfalle‹? Erstens, dass sie junge Menschen (und vor allem ihre Eltern) zu einseitig auf den Weg der gymnasialen Matura führt und ihn als Königs-

weg zum Ausbildungserfolg bezeichnet. Dies hat jedoch zur Folge, dass die Bedeutung des theoretischen Fachwissens über- und diejenige des praktischen Know-Hows unterschätzt wird. Zweitens, dass sie zur Installation immer neuer Bildungshürden führt, die möglicherweise verheerende Konsequenzen haben. Junge Menschen mit praktischen Begabungen finden immer weniger Berufe, in denen sie diese entwickeln und auch zeigen können.[74]

Die Akademisierung wertet andere Begabungen ab

Das Problem der Überforderung steht mit der teilweise bestehenden Unzufriedenheit der jungen Menschen in einem engen Zusammenhang. Wenn diese nicht ihren Begabungen entsprechend in ein Bildungssystem geschoben werden, das ihnen nicht wirklich entspricht, kann das schwerwiegende Folgen für ihre Sinnfindung im Leben haben und die Belastbarkeit merklich schwächen.[75]

Schulschwänzen

- Ein weiteres Thema im Zusammenhang »Lernen und Schule«[76]
- Phänomen: Schulschwänzen und Verweigern

Schulunlust

- Frustration aufgrund von mangelnden Erfolgserlebnissen
- Keine Lust, sich an Regeln zu halten oder gängigen Konventionen zu entsprechen

---

74 https://www.margritstamm.ch/blog/blog-uebersicht-bildung-und-erziehung/entry/die-akademisierungsfalle.html

75 Vgl. https://www.tagesspiegel.de/wissen/studierendenansturm-zu-viele-studierende-sind-ueberfordert/22810252.html

76 Vgl. https://www.betzold.ch/blog/schule-schwaenzen/

- Freunde, die häufig die Schule schwänzen, verleiten den Schüler, das Gleiche zu tun
- Der Schüler erkennt keinen Sinn in Schule und Lernen
- Keine Lust, sich anzustrengen und zu lernen
- Familiäre Gründe: Gleichgültigkeit der Eltern gegenüber dem Tun des Kindes, Arbeitslosigkeit, Geldnot, Suchtproblematik …
- Langeweile

Schulangst:

- Probleme mit den Mitschülern oder Lehrkräften
- Mobbing
- starker Leistungsdruck
- Prüfungsangst
- Lernschwächen
- Eine Schulphobie kann zum Beispiel durch eine starke Trennungsangst von den Eltern ausgelöst werden.
- Für den Schüler sind andere Dinge wichtiger als die Schule
- Für die Schüler ist das Fernbleiben von der Schule eine Lösungsstrategie, die aus ihrer Sicht Sinn ergibt: Sie vermeiden mit dem Schulbesuch den Auslöser schlechter Gefühle.
- Auch aufgrund der unterschiedlichen Ursachen gibt es keine einfachen und generellen Lösungen des Problems. Allerdings gibt es gute Möglichkeiten, wie Sie auf unentschuldigte Fehlzeiten reagieren können.
- Auch eine depressive Verstimmung oder eine Depression können dazu führen, dass es ein Schüler nicht schafft, die Schule zu besuchen.
- Mögliche Anzeichen: Die Kinder zeigen oft auch körperliche Symptome wie Kopf- oder Bauschmerzen, Mattigkeit und Schlafprobleme. Auch Nervosität und Reizbarkeit können auftreten.

Um dies zu klären, sollten Sie sich so schnell wie möglich mit der Schule in Verbindung setzen. Auch der Einbezug des schulpsychologischen Dienstes ist vielleicht notwendig. Kinder und Jugendliche sind weniger gefährdet, wenn sie belastbar sind, engmaschig begleitet und beobachtet werden.

Lernen zwischen Spaß und Disziplin

Für mich immer untrennbar miteinander verbunden. Kinder leben bei uns in einer Gesellschaft, die sich bestimmte Werte auf die Fahne geschrieben hat. Wie werden sie gelebt?

In der Schule sowie in der Erziehung im Elternhaus kann man dies beobachten und analysieren. Ich frage mich immer wieder einmal, ob die Schul-Konzepte für die Wirtschaft oder für die Kinder konzipiert werden. Auch die Erziehungsstile müssen hinterfragt werden, z. B. in der Reformpädagogik finden sich Forderungen nach neuen Lern- und Lehrformen:

Basiskompetenzen Kind:

- Für sich selbst verantwortlich sein können
- Initiativkraft entwickeln
- Flexibilität und Problemlösungsverhalten
- Teamfähigkeit
- Leistungsmut

Selbstwirksamkeitskonzept

- mit der Fähigkeit des Menschen sich in die Welt hineinwagen
- mit Neugier-Verhalten
- mit Forschen und mit Entdecken können[77]

---

77 Aus einem Text über die »Neue Schule Mobile« Harald Eichelberger, Reformpädagogiker. https://www.eichelberger.at/?p=40

Viele Schulreformen basieren auf einem Bündnis zwischen Lehrperson-Kind und Eltern (»Place to grow up in«)

- ein Ort, an dem und in dem die Persönlichkeit der Kinder und ihr Lebensgefühl gestärkt werden!
- ein Ort, an dem und in dem das Eigene und Besondere jedes Kindes gedeihen kann!
- ein Ort, an dem das Selbstbewusstsein des Menschen wachsen kann und zur Basis der gesellschaftlich relevanten Produktivkraft werden kann!
- ein Ort, an dem die Wertschätzung und der Respekt den Umgang mit den Menschen bestimmen und an dem die Menschen Abschied von der Misstrauenskultur genommen haben!
- ein Ort, an dem Lernen als Vorfreude auf sich selbst erlebt werden kann!
- ein Ort kreativer Handlungsräume, in denen Bildungserlebnisse stattfinden!
- ein spannender Ort, der die Kinder neugierig auf sich selbst und auf die Welt macht und der die Anstrengungsbereitschaft der Kinder herausfordert!
- eine überschaubare Welt des Kindes, die Chancen und Schwierigkeiten der realen Welt in überschaubaren Dosen darbietet!
- eine Welt, in der Lernen und Leben als gegenseitige Anregung und Herausforderung stattfinden!
- eine Welt, in der Kinder individuell lernen, in der Kinder von Unterschieden lernen und in der sie gemeinsam lernen!
- eine Schule, in die Kinder und Lehrerinnen und Lehrer gerne gehen, in der, Lehrerinnen und Lehrer und Kinder zueinander finden und in einem positiv emotionalen Verhältnis miteinander lernen und leben, in dem Lehrerinnen und Lehrer an das Potenzial jedes ihnen anvertrauten Kindes glauben!

- in der das Erkennen der Besonderheit jedes Kindes den Zugang zum Kind bestimmt und in der die Erwachsenen die Leidenschaften der Kinder teilen!
- ein Ort, an dem die unheilige Allianz zwischen Herkunft und Bildung aufgehoben wird!

Kinder sollten immer neugierig bleiben. Das kann im Spiel, beim Hobby oder beim Lernen sein. Zu diesem Zusammenhang gehört auch die Begeisterungsfähigkeit. Beobachtet man als Erziehungsverantwortliche, dass Kinder an einem Thema besonders interessiert sind, lohnt es sich, es in diesen Themen zu unterstützen.

Mehr Qualität – weniger Quantität, auch beim Lernen. Informationen rinnen wie Sand durch ein Sieb. Menschen nehmen Inhalte am besten auf und speichern sie, wenn sie eine emotionale Verknüpfung dazu haben. Lernen gelingt am besten, wenn zwischendurch Erholung möglich ist.

Lernen passiert immer, nicht nur in der Schule, sondern auch beim Werken, Kochen, Spielen, beim Sport, in der Musikstunde, im Umgang mit Gleichaltrigen. Kinder brauchen keine Zensuren. Sie bringen Neugier und Wissbegier mit und brauchen Motivation, Lernziele und deren Überprüfung. Das Kind sollte möglichst viele Erfahrungen machen, Ursache und Wirkung erkennen können. Beim Lernen ist es zentral, dass ein Kind weder über- noch unterfordert ist. Auch, wenn ich mir Lernen grundsätzlich als etwas Positives vorstelle, gibt es Dinge in der Schule, die Disziplin und Durchhaltevermögen fordern. Gewisse Kompetenzen erarbeitet man sich nur mit Üben oder Auswendiglernen. Das ist ein Teil, der dazugehört und die Belastbarkeit fördert. Gerade beim Lesen braucht das Kind Unterstützung und Übung. Überprüfen sie bei Gelegenheit, ob Ihr Kind Texte versteht, und erklären Sie spezielle Wörter. Fordern Sie das Kind auf, Fragen zu stellen, wenn etwas nicht klar ist. Leseverständnis ist eine zentrale Kompetenz, wenn es um die Verarbeitung von Informationen geht. Es gibt den Kindern und Jugendlichen Sicherheit, wenn sie Texte verstehen.

Man sagt nicht zu Unrecht: »Wissen ist Macht.« Informiert zu sein gibt dem Kind Sicherheit, Bildung und Erziehung muss zum Ziel haben, dass Kinder selber zu denken lernen und eigenständige Entscheidungen treffen können.

Freizeit und Hobbys

Freizeit macht den Geist frei.

Youri Keifens[78]

Wer immer nur funktioniert, entzieht sich dem Abenteuer des Lebens.

Armin Mueller-Stahl[79]

Stärken leben

Viele Freizeitaktivitäten sind organisiert, weshalb es sich nicht wirklich um freie Zeit handelt. Freizeit sollte einfach nichts sein, das erneut Stress macht. Mit Hobbys können Kinder andere Stärken ausleben als in der Schule.

Schwieriger hingegen ist es, sich auf ein Hobby festzulegen, welches zum Kind passt und dann auch noch den Ausgleich zwischen aktiv gestalteter und ungeplanter Freizeit zu schaffen. Wie so oft im Leben mit Kindern gibt es keine allgemeingültigen Regeln, sondern nur Entscheidungshilfen, die einen dabei unterstützen, den für das eigene Kind richtigen Weg zu finden.

Weshalb Hobbys wichtig sind

Eine Freizeitbeschäftigung, bei der ganz andere Fähigkeiten zum Einsatz kommen, hilft dem Kind, neue Welten zu entdecken und Stärken auszuleben, die im Schulalltag selten zum Zug kommen. Für schwächere Schüler kann das Pflegen eines Hobbys auch dazu beitragen, dass das Selbstbewusstsein gestärkt wird, weil das Kind hier Erfolge haben kann, die ihm in der Schule verwehrt bleiben. So mancher Teenager hat dank

78 https://www.zitate.de/kategorie/freizeit

79 https://gutezitate.com/zitat/118353

einer sinnvollen Freizeitbeschäftigung die schwierigen Pubertätsjahre besser und suchtfrei überstanden.

Wichtig ist es auch, einfach mal nichts tun zu müssen: Nicht verplante Zeiten, in denen es Platz für Erholung und spontane Unternehmungen gibt. Diese sind für Kinder ebenso wichtig wie für Erwachsene. Sogar Langeweile hat ihren Platz, denn so wird das Kind dazu gezwungen, kreativ zu sein. Voraussetzung dazu ist natürlich, dass die Langeweile nicht mit Medienkonsum überspielt wird, sondern dass man dem Kind Denkanstöße bietet, was es mit seiner Zeit anfangen könnte.

Survival in Jugendorganisationen

Jugendgruppen bieten eine Möglichkeit, Erfahrungen in unterschiedlichen Bereichen zu sammeln. Im Sommer 2022 fand in der Schweiz ein BULA statt, das Bundeslager der Pfadfinder. 30.000 Kinder und Jugendliche campten auf einen riesigen Platz im Kanton Graubünden. Die jüngeren waren eine Woche, die älteren zwei Wochen dort. Für die gesamte Zeit bestand ein Verbot für Handy und Uhren.

Es ist erstaunlich, wie einfach es ist, eine Regel durchzugeben und diese auch als Ehrensache konsequent befolgt wird, wenn eine starke Führung da ist. Nur so können neue Erfahrungen gemacht werden.

In einer Gruppe kommt der Aspekt der Verbundenheit dazu, der bei vielen Jugendlichen, die sich im Netz tummeln, eine große Rolle spielt. Das Gefühl der Zugehörigkeit ist sehr wichtig und kann auch in der Familie gepflegt werden. Aufgepasst: Landet das Kind in einer Gruppe mit einem unerwünschten Einfluss, kann dies sehr schwierig werden, da man sich nur schwer trennt, wenn man einmal ein Zugehörigkeitsgefühl entwickelt hat. Kinder, die in der Familie vielleicht kein Zugehörigkeitsgefühl entwickeln können, sind in dieser Hinsicht sicher mehr gefährdet.

Die sozialen Kontakte, Aktivitäten im Freien mit dem Aspekt von Survival und das Leben mit geringen und einfachen

Hilfsmitteln finde ich geeignet, um Frustrationstoleranz und Überlebensstrategien zu erlernen. In der Natur ist nicht alles berechenbar und man muss sich anpassen können. Eine Freundin und ihr Mann beobachteten unlängst eine Gruppe von Jugendlichen, die ein Feuer entfachen wollten. Sie kamen nicht zum Ziel, denn sie hatten nur Zweige mit grünem Laub geholt, das nicht trocken genug war. Der Mann meiner Freundin fragte, ob er helfen könne. Sie nahmen die Hilfe dankbar an und er zeigte ihnen, wie man ein Feuer zum Brennen bringt. Einer der Jugendlichen sagte, auf der App hätte das viel einfacher ausgesehen. Aber Survival kann man nicht im Netz lernen!

Sport

Sport spielt eine zentrale Rolle in der Freizeitgestaltung der Kinder.

Viele der positiven Auswirkungen von Bewegung bei Kindern sind weitgehend unbekannt. Doch Bewegung ist für Kinder weit mehr als nur ein Hobby. Wer seine Kindheit aktiv verbringt, profitiert davon zum Teil sogar bis in das Erwachsenenalter.[80]

Solange Sport spielerisch gestaltet ist, gibt es kaum bessere Möglichkeiten, sich auf verschiedenen Ebenen zu entwickeln. Im Sport werden wichtige Dinge wie Verlieren lernen, Zusammenspiel und Rücksichtnahme geschult. Kommt die Sportaktivität in eine Wettkampfphase von einem immer höheren Niveau, kann Sport erfahrungsgemäß für ein Kind eine Belastung werden, da Druck und Anforderungen steigen. Die Kinder sind sehr individuell, wie sie mit dieser Entwicklung umgehen. Auch da gilt es zu beobachten und darüber zu sprechen.

Nach meiner Beobachtung sind Kinder oft in ihrer Freizeit durchorganisiert. Sie werden von Aktivität zu Aktivität trans-

80 https://kindheitinbewegung.de/15-positive-auswirkungen-von-bewegung-bei-kindern/

portiert. Es ist wertvoll, wenn man kreative oder sportliche Angebote nutzen kann, denn die Kinder werden ohne Zweifel in verschiedener Hinsicht gefördert. Die Frage richtet sich wieder nach dem Maß. Es fragt sich, ob es für das Spiel zu Hause, mit den Kindern rum zu tollen oder zum lesen noch Platz hat.

Struktur und Freiheit: Ein Balanceakt

> *Wer frei sein will, braucht einen guten Terminkalender*
>
> Carlotta Diederich[81]

Die Organisation im Alltag

Unter einer Struktur versteht man eine übergeordnete Ordnung. Es sind immer wiederkehrende Muster, die es ermöglichen, Leitplanken in einem Ablauf zu geben.

Wenn eine Familie im Tagesablauf eine feste Struktur hat, gibt das dem Kind – aber auch den Erwachsenen – eine Orientierung, eine Planungssicherheit. Viele Menschen denken, dass Struktur einengend wirkt. Aber es mag paradox klingen: Struktur gibt Freiheit. Nach einer gewissen Zeit werden die strukturierten Abläufe zur Gewohnheit.

Die Organisation und die Ordnung im Haushalt werden oft nicht groß hinterfragt. Es ist, wie es ist. Manchmal genügt das. Aber es kann auch sein, dass man noch Akzente setzen kann. Gerade im Zusammenleben mit Kindern erleichtert es vieles, wenn jedes Familienmitglied weiß, wer was wann macht. Eine Eingewöhnungszeit für Veränderungen und Anpassungen ist notwendig und braucht etwas Disziplin und Geduld. Hat sich alles eingespielt, möchte man die neue Ordnung nicht mehr missen. Für alle Menschen gibt es Dinge, die sie nicht gerne machen, aber sie müssen gemacht werden. Also muss man über dieses Thema sprechen und abmachen, wie es läuft.

Menschen haben verschiedene Persönlichkeitsmerkmale: Die einen sind sehr strukturiert, fast pedantisch, andere dagegen sind eher chaotisch und unstrukturiert. Da ist es manchmal nicht so einfach, einen Konsens finden, man kann sich

81 https://www.jetzt.de/jetzt-freiheit/meine-theorie-struktur-macht-frei

auch ergänzen. Zum Wohl der Kinder sollte ein gemeinsamer Nenner gefunden werden. Sprechen Sie sich aber in wichtigen Dingen immer ab. Suchen Sie einen gemeinsamen Nenner, ansonsten werden Sie gegeneinander ausgespielt.

Familienstrukturen und Rahmenbedingungen

Jede Familie hat eine andere Tagesstruktur. Sie ergibt sich aus den Arbeitszeiten der Erziehungsverantwortlichen, dem Schulbesuch der Kinder, dem Hinbringen in die Kita, zur Schule und so weiter. Daran kann man meist wenig ändern. Trotzdem gibt es auch da kleine Anpassungen zugunsten des Kindes.

Das Kleinkind kann man auf die nächsten Schritte vorbereiten: »Hallo, Max, wir machen uns gleich bereit zum Gehen, du kannst beginnen, dich anzuziehen. Im Flur stehen die blauen Stiefel und der gelbe Anorak hängt dort an der Garderobe. Wir gehen los. – Alles in Ordnung? Haben wir alles?« Das klingt banal, aber kleine Strukturschritte helfen dem Kleinkind, sich auf eine Umstellung vorzubereiten. Gerade auch für Kinder mit einer eher kurzen Erfassungsspanne ist das sehr hilfreich.

Ordnung[82]

Es gibt ein paar Merkpunkte, die sich anzuschauen lohnen.

Von Grob nach Fein:

Sucht euch einen Ort (Fußboden oder Bett) auf dem ihr zum Beispiel den Inhalt der Schreibtischschublade ausleeren könnt. Dann sortiert ihr in Kategorien des Spielmaterials von grob nach fein.

---

82 https://lunamag.de/2017/04/5-tipps-ordnung-haushalt/

Übersichtliche Einheiten wählen:

Sich übersichtliche und machbare Ziele zu setzen funktioniert viel besser als das Vorhaben, »morgen mal die ganze Wohnung aufzuräumen«. Gerade mit Kindern ist so ein Vorgehen viel realistischer. Nehmen Sie sich lieber jeden Tag etwas Zeit, um verschiedene kleinere Aufgaben zu erledigen.

Den Fußboden freimachen:

Fangt beim Aufräumen mit dem Fußboden an. Schnappt euch einen Wäschekorb und sammelt erst mal alles auf, was rumliegt. Eine Wohnung wirkt direkt viel aufgeräumter, wenn der Fußboden frei ist. Das heißt, alle Gegenstände sollten dann auch dauerhaft einen Platz im Schrank oder an der Wand finden. Im Kinderzimmer sollten größere Spielzeuge oder Bücher auf niedrigen Regalen stehen. So kann euer Kind sie erreichen, aber der Fußboden bleibt frei!

Immer wieder ausmisten:

Weniger Dinge bedeuten weniger Chaos – ziemlich logisch. Mit Ihrem Kind können Sie verabreden, dass immer, wenn etwas Neues ins Kinderzimmer einzieht, etwas anderes in die Flohmarktkiste wandert.

Zusammen aufräumen ist leichter!

Mit Kleinkindern im Haushalt ist es einfacher, dass einer der Partner die Kinder beschäftigt, während der andere aufräumt. Ansonsten gilt: Zusammen macht es einfach mehr Spaß, ob mit dem Partner oder mit Kindern. Helft eurem Kind beim Aufräumen oder bittet es, euch zu helfen.

Man sagt: Ordnung ist das halbe Leben. Für mich ist tatsächlich etwas Wahres daran. Je chaotischer man ist, desto befriedigender ist es, wenn man gut organisiert ist und sich angewöhnt, dass jedes Ding seinen Platz hat. So können sich dies auch die Kinder merken. Ordnung ist ökonomisch, man spart Zeit und ist speditiv.

Um aufzuräumen hat man idealerweise passende Behälter in verschiedenen Größen, denn die Spielesachen werden immer gleich sortiert, zum Beispiel: In die blaue Kiste die Autos in die rote die Puppensachen. Bis das klappt, braucht es Unterstützung. Am besten macht man das jeden Tag, denn alles, was zur Routine wird, geht leicht. Was man sich angewöhnt hat, braucht wenig Energie. Es lohnt sich deshalb, gewisse Abläufe einzuüben. Damit kann man mit der nötigen Konsequenz jederzeit und in jedem Alter beginnen. Nochmals: Struktur gibt Freiheit.

Regeln

Es stellt sich immer wieder die Frage, wann Konsequenz und wann Flexibilität angesagt ist. Grundsätzlich sind Regeln und Vereinbarungen einzuhalten, aber man muss sie immer wieder neu aushandeln und eventuell anpassen.

Das ältere Kind versteht, worum es bei Einschränkungen geht. Es kann mithelfen, Lösungen zu finden. Beim Kleinkind geht es um das Vertrauen und den Ton, den es als wohlwollend erlebt. Oft haben die Kinder gute Vorschläge. Die Frage lautet immer: »Wie lösen wir das Problem, damit das angestrebte Ziel erreicht wird?« Es ist wichtig, wenig verbindliche Regeln zu haben, sie aber konsequent durchzusetzen. Hier einige Beispiele:

Das Essen findet gemeinsam am Tisch ohne elektronische Geräte statt

Beim Essen hatte ich immer die Vorstellung, dass es möglich sein sollte, ganz wenig von etwas zu kosten, um dann zu entscheiden, ob es gut oder schlecht schmeckt. Bei manchen Kindern kann man das vergessen, denn man kann es nicht erzwingen (beispielsweise, wenn sie schon den Geruch nicht mögen). Irgendwann wird das Kind offener für Unbekanntes.

Ich habe einmal zur Nachspeise Melone aufgetischt. Der jüngste Sohn wollte nicht davon kosten. Beim nächsten Mal servierte ich ihm eine Nektarine auf seinem Teller. Er protestierte und fragte, weshalb er keine Melone habe. Ich antwortete, ich sei davon ausgegangen, dass er Melonen nicht möge. Er sagte: »Doch, ich will auch Melone haben!« Einer unserer Enkel aß viele Jahre sehr einseitig: Vorwiegend Pasta und Gurken. Er ist nun fast erwachsen, nun isst er alles.

Beispiele für mögliche Regeln

- Alle melden sich zurück und begrüßen sich, wenn sie nach Hause kommen
- Jede Person trägt ihr Essgeschirr nach dem Essen zum Spülen

Medienzeit

Medienzeit und Inhalte werden mit (von) den Erziehungsverantwortlichen festgelegt

Als Richtwerte formuliert:

- **0 bis 2 Jahre:** Im Baby- und Kleinkindalter wird empfohlen, möglichst auf Bildschirmmedien zu verzichten.
- **2 bis 4 Jahre:** Für Kinder im Vorschulalter reichen die Angaben von 5 bis 10 Minuten am Tag bis zu einer maximalen Bildschirmzeit von einer Stunde. Letzteres sollte eher die Ausnahme sein und nicht täglich vorkommen.
- **4 bis 8 Jahre:** Kindergartenkinder und Schüler*innen der Unterstufe sollten nicht länger als 30 bis maximal 60 Minuten pro Tag vor dem Bildschirm sitzen.
- **9 bis 10 Jahre:** In diesem Alter reichen die Empfehlungen von 60 Minuten bis zu einer maximalen Bildschirmzeit von 100 Minuten am Tag.
- **Ab 10 Jahren:** Mit älteren Kindern kann ein wöchentliches Zeitkontingent vereinbart werden. Zum Beispiel eine Stunde pro Lebensjahr in der Woche in Form von Mediengutscheinen.

Diese Zeitangaben sind Richtwerte und geben Orientierung. Kinder sind jedoch unterschiedlich. Was für die einen okay ist, kann für andere bereits zu viel sein. Eine rein zeitliche Beschränkung ist noch aus einem anderen Grund nicht immer hilfreich: Wenn das Kind mitten in einem Video oder einer Spielrunde aufhören muss, löst das Frust aus und kann heftige Reaktionen provozieren. Eine Möglichkeit wäre, sich an Serienfolgen oder Spielrunden zu orientieren. Auch sind in jedem Alter bildschirmfreie Tage empfehlenswert.[83]

83 https://www.projuventute.ch/de/eltern/medien-internet/bildschirmzeit

Der Umgang mit den Medien muss geplant und beobachtet werden. Erziehungsverantwortliche schauen, dass sich Kinder gut ernähren. Würden sie kiloweise Gummibärchen essen, würden Erziehungsverantwortliche vermutlich »Stopp!« sagen, aber bei stundenweiser Handybenützung schränken sie oft viel zu wenig ein, obwohl Seele, Geist und Psyche darunter nachhaltig leiden. Diese Sucht in den Griff zu kriegen braucht enorm viel Kommunikation und das rigorose Einhalten von Regeln. In diesem Zusammenhang ist Kontrolle besser als Vertrauen!

Die Rahmenbedingungen werden prozesshaft dem Alter entsprechend angepasst. Ein Rahmen sorgt für eine Begrenzung, es ist auch das Signal »Stopp«.

Benimmregeln sind nicht altmodisch:

- Anklopfen, bevor man einen Raum betritt
- Man geht nicht über Blumenbeete
- Man geht nicht in fremde Gärten
- Man wirft keinen Müll in die Natur oder auf die Straße
- »Danke«, »bitte«, »gerne« sagen
- Hände waschen vor dem essen und nach dem Toilettengang

Es ist zentral, wie Regeln und erwünschtes Verhalten kommuniziert werden, und abhängig vom Alter des Kindes. Es ist der Ton, welcher ausschlaggebend ist.

Je älter das Kind ist, desto mehr muss kommuniziert und einiges auch ausdiskutiert werden, denn vor allem ältere, vielleicht auch jüngere Kinder nehmen Regeln nicht kommentarlos hin. Es muss spüren, dass Ihnen das Einhalten von Regeln sehr, sehr wichtig ist! Sie müssen sie konsequent durchsetzen! Es kann sein, dass Sie auch mal ausrasten. Das kann gegenseitig passieren. Dann kann man mit einer Entschuldigung sachlich werden. Lachen Sie auch mal, wenn Sie aneinandergeraten sind, oder über Misserfolge!

Rituale

Es gibt banale Alltagsrituale, die Struktur geben. Daneben gibt es spirituelle und religiöse Rituale, auf die ich in einem anderen Zusammenhang kommen werde.

Rituale müssen nicht aufwendig und pompös sein.[84] Sich vor dem Essen an den Händen halten, ein Handschlag nach Abmachungen, vor dem Einschlafen ein Lied singen oder eine Gutnachtgeschichte erzählen, aber auf jeden Fall liebevoll Gute Nacht wünschen sollte allemal drin liegen. Man kann auch kurz den Tag miteinander durchgehen und Ungeklärtes noch klären. Lieber nur ein einfaches und kurzes Ritual, das man durchhalten kann. Die Rituale passen sich dem Alter des Kindes an.

Sie sind wichtige Stützpunkte im Leben eines Kindes – besonders auch im Alltag. Durch die Wiederkehr von Vertrautem und durch verlässliche Regeln gewinnen Kinder Kraft, Sicherheit, Zuversicht sowie Vertrauen in sich und andere.

Was bedeutet Freiheit?

Der Begriff »Freiheit« ist komplex. Das Verständnis davon wird sehr verschieden ausgelebt und interpretiert. Kein Begriff ist in der Zeit während der Corona-Pandemie mehr strapaziert worden.

Die Freiheit des Einzelnen steht immer in Bezug auf die Freiheit der anderen. Bestimmte Rahmenbedingungen ermöglichen oder beschränken sie. Ist das Freiheit, wenn jedermann tun und lassen kann, was ihm gerade beliebt? Nein! Wenn man andere verletzt oder einschränkt, beeinträchtigt man die Freiheit des anderen. Wenn man gegen Regeln und Recht verstößt, weil man macht, was man will, wird man straffällig.

Freiräume ermöglichen das Gefühl von Freiheit. Wenn man sich im Wald, am See oder Bach bewegen kann, heißt das, dass ich nicht durch starre Regeln, Verbote oder Gebote eingeschränkt werde.

---

84 Vgl. https://www.wichtel-muenchen.com/lexikon/rituale/

Etwas Ähnliches erleben wir in der Experimentier- und Gestaltungsfreiheit mit Materialien oder Räumen, eventuell auch mit Menschen. Die Thematik der Freiheit ist in der Begleitung von Kindern ein wichtiges Element. Falsch verstandene Freiheit im Sinne davon, Kinder selbständig werden zu lassen, kann für das Kind verheerende Folgen haben: Es wird überfordert und verunsichert.

Bewegungsfreiheit

Kinder sollten auch unkontrollierte Freiräume haben. Die Rahmenbedingungen müssen aber eingehalten werden. Es sollte nicht immer alles organisiert sein. Wichtig für Menschen und vor allem für Kinder ist Bewegungsfreiheit.

Ein Kind muss herumtoben können. Es muss die Möglichkeit haben, laufen, springen und klettern oder sich mit Laufrad, Dreirad, Fahrrad, Snowboard, Skiern und vielen anderen Dingen fortbewegen zu können. Nicht jedes Kind ist gleichermaßen bewegungsfreudig. Die Ängstlichen sollte man unterstützen, ermuntern und langsam an bewegliche Dinge heranführen.

Die Freiheit, alles sagen zu dürfen

Die Schweiz liegt aktuell an vierzehnter, Deutschland an sechzehnter Stelle auf der Rangliste der Pressefreiheit.[85] Freie Meinungsäußerung ist ein hohes Gut einer Demokratie. Leider ist die Entwicklung so, dass viele Menschen, die eine etwas dezidierte Meinung äußern, Morddrohungen erhalten.

In vielen Familien wird so kommuniziert, dass es scheint, dass es die Richtigen und die Falschen gibt. Wir haben eine große Verantwortung: Grundwerte unserer Gesellschaft erfährt das Kind am Familientisch. Jedes Gespräch, jeder Kommentar, jede Meinung prägt die Kinder. Es hat nichts mit Meinungsfreiheit zu tun, wenn Menschen, die anders denken, verurteilt werden.

85 Vgl. https://www.watson.ch/schweiz/medien/575184460-pressefreiheit-rangliste-der-laender-2022

Es gibt immer die Möglichkeit zu sagen: »Ich habe gehört, was du sagst, aber ich kann das nicht nachvollziehen oder nicht unterstützen«, »ich verstehe die Thematik aus einer anderen Perspektive« oder »ich habe dazu eine gegenteilige Meinung.« Das zu respektieren sollte möglich sein.

Der Blick auf die Anderen

Freundlichkeit ist eine Sprache, die Taube hören und Blinde lesen können.

Mark Twain[86]

Gegenseitige Rücksichtnahme ist eine Form der Empathie und sozialen Kompetenz.

Unbekannt

Rücksicht nehmen

Es geht um emotionale Kompetenz: Emotional kompetente Kinder sind sich ihrer eigenen Gefühle bewusst und können diese zum Ausdruck bringen sowie eigenständig regulieren. Sie können auch die Gefühle anderer Personen erkennen und verstehen und sich dementsprechend verhalten. Rücksicht heißt zurückschauen, die Sicht auf andere haben.

Das passt nicht zu unserer Lebensart. Wenn man vorwärtskommen will, kann man nicht noch seit- und rückwärts schauen. Gibt es tatsächlich ohne das Ellenbogenverhalten keine Chance, voran zu kommen? *Selbstverwirklichung, Individualismus, ich, ich, ich* … Das hat natürlich auch mit unserem Wettbewerbssystem zu tun. Wir spielen gegeneinander und das ist in mancher Hinsicht ein Nachteil. Es gibt viele Situationen und Themen, bei denen wir weiterkämen, wenn wir zusammenstehen würden.

Es gab eine Zeit, da hat man Spiele gespielt, in denen man nur gemeinsam gewinnen konnte. Das war ungewohnt und sie sind wieder verschwunden. Das war auch wieder etwas extrem, aber eine gute Ergänzung zu den anderen Varianten. Viele Menschen finden es lästig und mühsam, wenn sie Rücksicht nehmen müssen. Wir haben nicht die Zeit, denn

86 https://www.aphorismen.de/zitat/10896

wir müssen schnell sein. Rücksicht heißt auch, sich in andere hinein zu fühlen, an andere zu denken.

Diesem Aspekt der Rücksicht Rechnung zu tragen, kann vor allem in der Familie gelebt werden. »Papa hatte Schichtarbeit und wir sind leise, weil er schlafen muss.« – »Mama muss länger arbeiten, weil jemand krank ist an ihrem Arbeitsplatz und man könnte das Abendessen zubereiten.«

Rücksicht zu nehmen im öffentlichen Verkehr oder in einem Einkaufszentrum, weil jemand alt, behindert oder einfach langsam ist, stresst. Wir können nicht gut warten, wir haben keine Geduld. Rücksicht muss vorgelebt werden.

Teilen

Sind Kinder mit dem Spielen beschäftigt, heißt es oft: »Ihr müsst teilen«, weil mehrere Kinder dasselbe Spielzeug haben möchten. Da braucht es oft Hilfe. Es muss geklärt werden, wer jetzt was wofür braucht.

Spielt ein Kind ein Rollenspiel mit Spielfiguren, Puppen, kann man nicht einfach verlangen, dass andere mitspielen dürfen. Das Kind spielt eine Geschichte und ist voll in seinem Phantasiebereich. Es kann schon auch möglich sein, dass sich eine Geschichte zu zweit oder sogar zu dritt spielen lässt. Das gilt allerdings nur für größere Kinder, die sich in ihren Rollen dann absprechen. Wenn ein Kind allein spielen möchte, soll man es unbedingt lassen.

Das gilt auch für Geschenke oder Süßigkeiten. Hat ein Kind etwas erhalten, kann es entscheiden, ob es teilen möchte oder nicht. Es ist nett zu teilen, aber manchmal muss man auch etwas ganz allein für sich haben. Erziehungsverantwortliche sagen: »Lass doch deine Schwester / deinen Bruder mitspielen.« Oder: »Man soll teilen.« Aber bitte nur, wenn es erwünscht ist.

Das Teilen hat aber noch eine andere Seite: Es sind die *Kaleidoskop-Menschen,* die in der Regel zum Teilen bereit sind. Sie teilen sich gerne mit, tauschen sich aus und teilen im Extremfall alles mit anderen. Sie freuen sich, wenn sie anderen eine Freude machen können. Es sind die Menschen, denen Solidarität ein wichtiges Anliegen ist. Sie möchten auch aus Gerechtigkeitsgründen teilen und verteilen. Wie weit man das lernen kann, weiß ich nicht. Aber trotzdem sollte man den Kindern und Jugendlichen diese Aspekte nahelegen.

Das Thema Schenken ist aber für alle wichtig. Kinder basteln oder backen gerne für Bezugspersonen. Sie erleben, dass Schenken Spaß macht und man anderen Freude bereiten kann.

Sensible Themen ansprechen

Zwei Dinge verleihen der Seele am meisten Kraft: Vertrauen auf die Wahrheit und Vertrauen auf sich selbst.

Seneca[87]

Ängste

Ängste können die Lebensqualität massiv beeinträchtigen. Angst ist ein Tabuthema. Man spricht nicht gerne darüber. Wer Angst hat, wird als schwach angesehen. Besonders Jungen sollten stark sein und nicht zeigen, dass sie Angst haben. Das hat sich sicher verändert, aber immer noch existieren Vorstellungen, dass männliche Personen Schwächlinge sind, wenn sie sich fürchten. Angst kann krank machen, bewirken, dass Veränderungen, etwas Neues, das man nicht kennt, oder bestimmte Situationen vermieden werden.

Aus Angst macht man unbewusst viele Dinge, deshalb sollte man sich mit diesem Phänomen auseinandersetzen. Um der Angst etwas entgegensetzen zu können, muss ein Kind über Resilienz und Widerstandsfähigkeit verfügen. Diese sind wichtige Kompetenzen. In allen Lebenssituationen. Kinder und Jugendliche sind den verschiedensten Situationen ausgesetzt.

Man spricht von fehlender Resilienz oder Widerstandsfähigkeit, wenn Krisen zu Katastrophen führen. Es geht darum, dass man zu wenig auf persönliche und soziale Ressourcen zurückgreifen kann. Was heißt das für die Kinder? Wenn die Welt aus den Fugen gerät, brauchen sie Bezugspersonen, die sie tragen, halten, führen, begleiten. Aber auch die Erwachsenen haben Ängste.

Manchmal wird man die Angst verdrängen, sie ignorieren, sie kann uns hilflos machen oder ich sehe ihr ins Auge. Lei-

87 https://zitatezumnachdenken.com/seneca/7659

der schürt die Presse ganz gezielt Ängste. Angst wird auch in der Politik zu Manipulationszwecken eingesetzt. Da zeigt sich, ob man belastbar genug ist, diese reißerischen Texte zu relativieren: Ob man sich distanzieren, eine eigene Meinung haben kann.

Die Ängste der Kinder aufnehmen und verarbeiten

Gerade in der Situation von Ängsten und Unsicherheit sind Bezugspersonen gefordert, mit den Kindern und Jugendlichen in Gesprächen Unsicherheiten aufzugreifen. Ein wichtiger erster Schritt, um die Angst überwinden zu können, ist sie anzunehmen. Dabei geht es darum, diese Gefühle zuzulassen und für den Moment zu akzeptieren. Die eigene Angst ist kein gefährlicher Gegner, der bekämpft werden muss, sie ist ein *Teil* von uns. Sie ist aber durch uns kontrollierbar. Es macht zunächst Sinn, genau zu analysieren, welche Angst berechtigt ist, zum Beispiel, dass man von einer Krankheit angesteckt wird. Vieles ist reine Spekulation und schon bevor etwas realistisch ist, werden Ängste geschürt. Es bringt kaum etwas, wenn man Angst hat vor Dingen, die vielleicht nie eintreffen werden. Deshalb ist es wichtig, dies mit den Kindern zu differenzieren. Ist die Angst berechtigt, sucht man nach Lösungen. Das macht aber erst dann Sinn, wenn eine Bedrohung real ist. Es sind die Ungewissheit und die Unkontrollierbarkeit, wie es in dieser Welt und mit in unserer Gesellschaft weiter gehen soll, die die Situation aussichtslos aussehen lassen. Das merken wir bei Themen wie Krieg, Klimawandel, Ernährung und Einkommen. Kinder haben Ängste vor dem Verlust der Erziehungsverantwortlichen, nahen Angehörigen, vor dem Versagen in der Schule, vor Krankheit, vor Krieg.

Die Kinder sind sehr verletzlich, besonders wenn es um einschneidende Ereignisse wie eine Trennung, einen Verlust nahestehender Personen oder einen Umzug geht. Früher haben fast alle Erziehungsverantwortlichen mit den Kindern gebetet, um ihnen Trost und Sicherheit zu vermitteln. Ich habe auch bei traumatisierten Kindern gute Erfahrungen mit

Märchen gemacht: Die Heldenfiguren siegen immer. Sie müssen viele Stufen und Aufgaben bewältigen und werden mit Gefahren konfrontiert. Sie besiegen die Angst, denn sie erhalten Hilfe von guten Mächten. Die Kinder leiden mit, aber am Schluss atmen sie oft spür- und hörbar aus: Alles wird gut!

Es gibt Rituale für verschiedene Gelegenheiten: Krankheit, Feste, Jahreszeiten.[88]

Rituale sind symbolische, szenisch/gestische Handlungen, die Kontakt schaffen und halten zu kosmisch-natürlichen und gesellschaftlichen Grundkräften, diese sichtbar und damit bewusstseinsfähig machen und darin auch Krisen bearbeitbar werden lassen.

Prof. Dr. Gerhard Marcel Martin,
Universität Marburg[89]

Im Alltag bewährt haben sich laut Kinder- und Spielbuchautorin Susanne Stöcklin-Meier besonders die Rituale, die im normalen Alltag ganz selbstverständlich daherkommen. Deshalb ist es wichtig und eine goldene Regel, dass sich die Eltern mit den eigenen Werten auseinandersetzen und überdenken, welche Werte und Rituale überholt sind und welche zentral sind für das friedliche Zusammenleben.[90]

88 https://www.babyguide.at/die-schoensten-rituale-fuer-kinder/

89 https://www.familienleben.ch/kind/erziehung/kinder-brauchen-rituale-49

90 https://www.familienleben.ch/kind/erziehung/kinder-brauchen-rituale-49

Es ist überlegenswert, wie man in der heutigen, eher säkularen Zeit Kindern Geborgenheit, Sicherheit und Zuversicht vermitteln kann. Kinder lieben Wiederholungen. Man sollte unbedingt dem Kinderwunsch entsprechen, wenn es zum hundertsten Mal dieselbe Geschichte hören will. Dies gibt dem Kind Sicherheit, Stabilität. Geborgenheit mit Ritualen ist bei kleinen Kindern eine gute Möglichkeit und unbedingt zu empfehlen. Bei größeren Kindern und Jugendlichen wird es schwieriger. Alles läuft über eine stimmige Interaktion, über den Austausch von Themen und Problemen.

Wie geht es meinem Kind?

Es ist nicht immer einfach, Ängste und Sorgen der Kinder wahrzunehmen. Sie sprechen nicht unbedingt darüber, weil das auch schwierig ist, emotional und sprachlich. Es geht auch da um das Beobachten von Verhaltensweisen.

Wir müssen sehr sensibel sein und uns folgende Fragen stellen:

- Spreche ich regelmäßig mit dem Kind?
- Wenn ich mein Kind beobachte, stelle ich fest, dass es ihm gut geht?
- Wirkt mein Kind fröhlich und entspannt?
- Weiß ich, was mein Kind über aktuelle Themen, Geschehnisse oder Vorkommnisse im Alltag denkt?
- Hat es eventuell Ängste, Sorgen, Probleme?
- Entwickelt es Verhaltensauffälligkeiten, zum Beispiel beim Essen?
- Wirkt es aggressiv oder gestresst oder eher depressiv und versteckt sich vielleicht in seinem Zimmer?
- Ist es eventuell über- oder unterfordert?
- Wirkt es entspannt und glücklich?
- Habe ich einen guten Draht zu ihm?
- Weiß ich, wer die Freunde und Kameraden meines Kindes sind?
- Bin ich im Bild, wie es dem Kind in der Kita, im Kindergarten oder in der Schule geht?

- Schläft das Kind genug und isst es gesund?
- Was braucht mein Kind jetzt?

Das Kind in der Pubertät muss sich loslösen, abgrenzen. In welcher Form dies vor sich geht, ist sehr individuell.

Oft geht es einfach darum, das Gegenteil von dem zu tun, was ihre Bezugspersonen machen. Mir hat eine Mutter erzählt, dass sie gerne Rock und Pop hört und dass sie davon ausgegangen sei, diese Musik mit ihrem Sohn zusammen zu hören, aber der wollte klassische Konzerte besuchen.

Suchtpotenzial, Mobbing, Auffälligkeiten in verschiedener Hinsicht können auf Probleme aufmerksam machen. Geben Sie es nicht auf, das Gespräch zu suchen. Wenn Sie es allein nicht schaffen, holen Sie Hilfe! Behalten sie das Kind immer im Auge. Entspanntes Nachfragen bei allen Familienmitgliedern am Familientisch könnte zur Gewohnheit werden. Es darf nicht passieren, dass Sie in der Pubertät plötzlich feststellen, dass der Faden zum Kind abgerissen ist und man es verloren hat.

Den richtigen Moment nicht verpassen

Auf den richtigen Moment warten zu wollen, ist gefährlich, denn man verpasst ihn dann wahrscheinlich! Alle sensiblen Themen sollten schon ganz früh angesprochen werden. Je länger man wartet, desto schwieriger wird es. Das bedeutet, dass die Bezugspersonen ein offenes Ohr haben und merken muss, wann es Zeit ist, über gewisse Themen zu sprechen. Es ist dann wichtig, damit man schnell einsteigen und das notwendige Material und eine kindgerechte Sprache einsetzen kann.

Sensible Themen anzusprechen ist eine Vertrauenssache. Man soll über alles sprechen können, wenn sich die kleinste Gelegenheit ergibt. Denn plötzlich stellt man fest, dass man den richtigen Zeitpunkt für die sensiblen Themen nie gefunden hat. In den ersten sechs bis acht Jahren entwickelt sich das Fundament der Persönlichkeit Ihres Kindes. Wie erwähnt, werden schon sehr früh wichtige Regeln des Zusammenlebens eingeübt. Es muss sich immer, also regelmäßig, ein Platz und Zeit für einen kurzen Austausch finden lassen!

Diese Momente dauern ein paar wenige Minuten, aber sie entscheiden darüber, ob Erziehungsverantwortliche merken könnten, wenn das Kind abdriftet. Es geht nicht darum, Kinder penetrant zu kontrollieren und abzufragen, was wann und wie gelaufen ist, aber unbefangene, echte Fragen zeugen von Interesse am Leben des Kindes. Viele Themen erscheinen Eltern etwas diffizil und sie wissen nicht, wie sie sie ansprechen sollen, zum Beispiel Liebe, Tod, Sexualität, Glaube, Gerechtigkeit, Anderssein, Gewalt, Ehrlichkeit, Moral, Drogen, Sucht und so weiter. Viele Bilderbücher handeln von verschiedenen dieser Themen. Nutzen Sie die Zeit zwischen drei und zehn Jahren, um möglichst viele Themen anzusprechen. In diesem Alter sind die Kinder meist unbeschwert und nehmen vieles für das spätere Leben mit. Mit der Vorpubertät wird das Diskutieren schwieriger.

Die Gewissensbildung zum Beispiel gelingt neben dem Vorbild sehr gut anhand von Geschichten. Kinder können ab einem gewissen Alter erkennen, was weniger wörtlich und als mehr symbolisch interpretiert werden kann. Welche Beziehung die Erziehungsverantwortliche zur Religion haben, ist ein persönlicher Faktor. An Stelle der Moral kann man sich an die Menschenrechte halten.

Werte – Wertvolles – Sinnhaftigkeit

Nicht wer wenig hat, sondern wer viel wünscht, ist arm.

Seneca[91]

Zufriedenheit und Dankbarkeit

Ich liebe Zitate, weil man sich darüber Gedanken machen kann, da sie immer im Kern eine Wahrheit beinhalten, ein Symbol oder ein Bild zeigen, das zum Denken anregt. Vielleicht gehören Sie zu den bescheidenen Menschen, die mit wenig zufrieden sind. Die exzessive Konsumhaltung unserer Gesellschaft, die immer mehr, neuere und bessere Dinge haben muss, ist auch für die Kinder und Jugendlichen ein Problem.

Wertschätzung hat auch etwas mit Dankbarkeit zu tun. Es wird so vieles als selbstverständlich hingenommen. Viele Kinder bedanken sich kaum, wenn sie etwas geschenkt bekommen. Machen Sie sie darauf aufmerksam, dass »Danke« sagen nicht altmodisch ist.

Wenn man zufrieden ist, kann man das Leben eher genießen. Die Menschen haben wahrscheinlich immer Wünsche, aber das schließt nicht aus, dass man sich auf das besinnt, was man hat, und das genießt.

Genießen zu können hat etwas mit Wahrnehmung und Spürinformationen zu tun. Es geht auch um Qualität, darum, für diesen einen Sinn ein Gespür zu entwickeln. Beim Kochen und Essen spielt bei vielen Menschen Qualität eine große Rolle. Auch Musik, Kunst oder Handwerk beinhalten Momente, in welchen der Genuss im Zentrum steht. Es sind viele Situationen möglich, in denen man etwas genießen kann.

Nur wer sich bewusst auf die Spürinformationen einlässt, erkennt Unterschiede und beginnt zu genießen. Man kann darauf achten, dass Qualität erkannt und geschätzt wird, im

91 https://zitate.net/wert-zitate

Gegensatz zu Quantität. Sie sehen Menschen, die liebevoll über ein Stück Holz streichen, im trockenen Laub rascheln und vieles mehr.

Die Bedeutung von Berührung

Der Philosoph Wilhelm Schmid spricht von der Kraft der Berührung.[92] Im Zusammenhang mit der Thematik Belastbarkeit geht es darum, Kraft zu tanken. Schmusen und kuscheln mit dem Kind ist ein Element, das dem Kind nicht nur zeigt, dass es geliebt wird, sondern auch, dass es dies über die Wahrnehmung spüren kann.

Die Kinder reagieren in Bezug auf Berührung unterschiedlich. Dies steht im Zusammenhang mit der taktil-kinästhetischen Wahrnehmung.

> *Die taktile Wahrnehmung stellt die Oberflächensensibilität dar und leitet Reize weiter, die durch Druck, Berührung, Schmerzempfindung oder einen Temperaturwechsel ausgelöst werden. Die kinästhetische Wahrnehmung hingegen ist für die Tiefensensibilität verantwortlich, also für die Empfindung in Muskeln und Gelenken.*[93]

Manche mögen eher markante, andere zärtliche Berührungen. In diesem Zusammenhang ist es notwendig, dem Kind schon sehr früh zu sagen, dass es wichtig ist, dass es sich sofort meldet, wenn etwas unangenehm ist.

Eine Umarmung, die nicht nur flüchtig ist, sondern von Herzen kommt, kann als Kraftquelle wahrgenommen werden. Berührt werden Kinder auch durch Musik, Geschichten, einem Aufenthalt im Wald, wenn man im Moos sitzt oder

---

92 Vgl. https://www.deutschlandfunkkultur.de/wilhelm-schmid-von-der-kraft-der-beruehrung-ich-beruehre-100.html

93 https://flexikon.doccheck.com/de/Taktil-kin%C3%A4sthetische_Wahrnehmungsst%C3%B6rung

barfuß geht, am See, beim Schwimmen, in den Bergen, im Park, überall.

Während des Lockdowns infolge der Pandemie fielen außerhalb der engeren Familie Berührungsmöglichkeiten weg. Das war eine einschneidende Erfahrung. Forscher haben entdeckt, dass Berührungen Endorphine (Glückshormone) freisetzen.

Der Tastsinn ist einer der wichtigsten Sinne. Es ist zu beachten, dass nicht alle Kinder dasselbe Maß und dieselbe Intensität von Berührung benötigen. Es ist aber wichtig zu wissen, dass für alle Kinder Berührung existentiell ist: Sie lernen, Nähe zuzulassen, was für die Bindungsfähigkeit extrem wichtig ist.

Wertschätzen und Staunen

Vom dominanten Bild, wie sich der Mensch gegenüber der Natur verhält, muss ein Paradigmenwechsel stattfinden. Wir müssen mit der Natur kollaborieren. Kinder sollten sich bewusst sein, dass jede Entscheidung, die man trifft, eine Konsequenz hat.

Wenn Kinder erleben, wie Pflanzen wachsen, werden sie ein Wunder der Natur erleben: Man steckt einen Samen in die Erde und daraus wächst ein Baum! Sie können mit Ihrem Kind etwas auf Ihrem Balkon oder in Ihren Garten pflanzen. Es könnten Erdbeeren, Gurken, Tomaten, Radieschen oder Ähnliches sein. Zu beobachten, wie es wächst, ist tatsächlich wie ein Wunder. Einer unserer Enkel säte, als er klein war, in einer Ecke im Frühling immer Karotten. Jedes Mal, wenn er zu Besuch kam, fragte er, ob er sie schon herausziehen könne. Er erlebte mit dem Wachsen der Karotten die Jahreszeiten und musste lernen zu warten, bis es Herbst war. Er war jeweils überglücklich, wenn es soweit war, und strahlte über das ganze Gesicht, wenn er das Grünzeug packte und eine orangefarbene Karotte zum Vorschein kam. Spannend war dann noch, wie groß sie sein würde.

Mit Achtsamkeit durchs Leben zu gehen muss man üben. Kleinen Dingen Aufmerksamkeit zu geben sind wir oft nicht gewohnt. Unsere Gesellschaft ist laut und hektisch. Ein Spaziergang durch den Wald mit den Kindern lässt sie spüren, wie es ist, wenn man offline ist und in sich selbst online geht. Es geht um Wertschätzung, auch um Staunen.

Sie sitzen mit ihrem Kind im weichen Moos. »Hört ihr die Stille?« Es flattert ein farbenfroher Schmetterling vorbei, ein Sonnenuntergang, liebliche Klänge, Farben … Der Stress wird abgebaut und die Atmung wird ruhig.

Das Kind und Spiritualität

Spiritualität heißt für mich, sich von etwas berühren lassen, staunen und innehalten zu können. Die Religion kann für Menschen ein Thema sein, wo sie sich Antworten auf spirituelle Fragen erhoffen. Jeder Mensch sucht seinen eigenen Weg. Man kann den Kindern Grundlagen mitgeben, aber sie werden mit den Zutaten eine eigene Mischung kreieren.

Für viele Menschen gehören Rituale zur Spiritualität. Diese spielen häufig beim Zubettgehen eine wichtige Rolle. Früher haben die Kinder gebetet, aber die Zeiten haben sich geändert. Trotzdem sollte das Einschlafritual nicht wegfallen, sondern vermitteln, dass alles in Ordnung ist. Ein tröstliches, gutes und sicheres Gefühl vor dem Einschlafen zu haben, ist enorm wichtig und nicht zu unterschätzen. Mit einem Kuscheltier kuscheln und einem Schlaflied wie »*La, le, lu, nur der Mann im Mond schaut zu*« wird ihr Kind friedlich einschlafen. Auch Vorlesen oder das gemeinsame Anschauen von Bilderbüchern verbindet und gibt ein gutes Gefühl.

Es gibt verschiedene Momente, die magisch wirken, etwa wenn man unerwartet eine Blumenwiese entdeckt oder hören kann, wenn der Kuckuck ruft. Spiritualität hat auch mit Spürinformationen, mit *Wahrnehmung* zu tun. Geht man mit den Kindern barfuß im Sand, auf der Wiese, im Wasser kommen sie in unmittelbare Berührung mit der Natur. Ich habe einmal mit einer Kindergartengruppe zusammen eine Fuchsfamilie im Wald beobachtet. Selten war es so still so andachtsvoll wie in diesen Minuten. Manchmal habe ich mit ihnen im Wald auf dem weichen Moos gesessen. Und ich habe sie gefragt: »Was flüstern die Bäume? Was singen die Vögel?«

Im Zusammenhang mit Spiritualität sehe ich auch das Philosophieren mit Kindern. Was ist daran speziell? Mir gefällt daran, dass ich auf ihre Fragen nicht immer eine Antwort haben muss, dass man phantasieren kann.

Meist ist es so, dass Kinder viele Fragen an ihre Erziehungsverantwortlichen haben. Manche davon kann man beantworten, um den Kindern Zusammenhänge zu erklären. Aber es gibt Fragen, die nicht so einfach zu beantworten sind. Einer unserer Söhne fragte mich einmal: »Wer hat die Sonne an den Himmel gehängt?«

Ich fragte: »Was denkst du?« So haben wir uns Gedanken gemacht. Wir müssen uns eingestehen, dass wir vieles nicht wissen.

Wenn es nicht nach Plan läuft

Gut ist der Vorsatz, aber die Erfüllung schwer.

Johann Wolfgang von Goethe[94]

Frustrationstoleranz

Wenn beim Kind alles schiefläuft, ist auch unsere persönliche Frustrationstoleranz gefragt.

> *Laut Definition ist Frustrationstoleranz die Fähigkeit, (gut oder schlecht) mit Niederlagen, Enttäuschungen und unerfüllten Wünschen umgehen zu können. Das betrifft uns letztlich alle: Rückschläge, Niederlagen, Misserfolge, Fehler – all diese Dinge passieren. Jedem von uns. Sie sind Teil des Lebens und auch wichtiger Teil unserer Persönlichkeitsentwicklung.*[95]

Wenn alles rund läuft, ist es einfach. Aber wie wir damit umgehen, wenn wir hinfallen, wann und wie wir wieder aufstehen, wenn es mal nicht so läuft wie gewünscht – das macht den entscheidenden Unterschied. Natürlich hängt das auch von der Härte des Rückschlags ab. Wenn ein Kind eine Prüfung vergeigt, benötigt es eine andere Frustrationstoleranz als wenn einem Kind die Katze wegläuft. In beiden Fällen ist Frustrationstoleranz allerdings eine entscheidende Fähigkeit, mit derlei Niederlagen konstruktiv umzugehen und uns aus dem Schlamassel (selbst) zu befreien. Bezugspersonen können unterstützen, Lösungen zu finden. Gelernt und trainiert wird diese Fähigkeit in der Kindheit – zum Beispiel durch das Vorbild der Eltern oder auch an anderen Personen, die ein Vorbild sein können. Ob man erlebte Hilflosigkeit, Frust und Kummer

94 https://www.aphorismen.de/zitat/470

95 https://karrierebibel.de/frustrationstoleranz/

ertragen und überwinden kann, wird die weitere Entwicklung des Kindes entscheidend prägen.

Theorie und Praxis

Vieles ist klar in der Theorie. Wenn es dann um die Umsetzung geht, wird oft erkannt, dass es Situationen gibt, in welchen die Theorie nicht eins zu eins in der Praxis umsetzbar ist.

Das ist besonders bei der Begleitung von Kindern und Jugendlichen der Fall, da sie alle unterschiedlich, individuell sind: zum Beispiel gibt es viele Kinder, die sehr unausgeglichen begabt sind. Bei vielen Kindern können überdurchschnittliche Begabungen beobachtet werden (vielleicht sogar eine Hochbegabung). Oft stehen aber ihre Behinderungen und Einschränkungen im Vordergrund. Sie fordern uns mehr heraus als andere, ausgeglichenere Kinder.

Es ist wichtig, ressourcenorientiert an das Kind heranzugehen: Zu schauen, was das Kind gut kann, wo es begabt ist. Ein Kind mit einer verkürzten Aufmerksamkeitsspanne eckt vielmals an. Es muss sich an seinen Stärken messen können, da es sich sonst als unmöglich empfindet. Wenn in der Erziehung so manches gar nicht nach Plan verläuft, fragt man sich, wer oder was schuld daran sein könnte. Es ist unklar, wie der Anteil von Genetik aussieht, und wie viel von den Rahmbedingungen abhängt, wie sich ein Kind entwickelt. Denken Sie daran, dass unser Werteschema bestimmt, wer »normal« ist. Erweitern Sie einfach die Bandbreite!

Die Theorie ist logisch, aber im Alltag funktioniert so manches nicht nach Plan. Schuld daran ist oft eine besondere Wahrnehmungsverarbeitung, die in der Bandbreite etwas von der Norm abweicht. Begabungen sind oft unausgeglichen, sie variieren zwischen Genialität und einem Handicap. Bei geeigneten Rahmenbedingungen erleben wir diese Kinder bei einer sorgsamen, strukturierten Begleitung als freudig gespannt und sehr bereichert.

Eine Diagnose ist einerseits eine Hilfe, das Kind besser zu verstehen und zu begleiten. Zum Beispiel beim ADHS Syndrom handelt es sich unter anderem um eine verkürzte Aufmerksamkeitsspanne und eine spezielle Reizverarbeitung der Wahrnehmungskanäle. Diese Verkürzung führt oft zu einer Schnelligkeit, ja, sogar Oberflächlichkeit sowie Sprunghaftigkeit im Handeln und Denken.

Kinder im Allgemeinen konzentrieren sich besser, wenn sie an einem Thema oder einer Aufgabe interessiert sind. Bei hochsensiblen und kreativen Kindern ist das besonders der Fall. Es ist daher von Vorteil, dies zu beachten. Bei anderen, weniger spannenden Aufgaben ist Unterstützung notwendig. Bei der Realisierung von längeren Projekten und der Bewältigung von Alltagsaufgaben ist eine Strukturierung oft hilfreich.

In meiner langjährigen Praxis habe ich erlebt, dass für Kinder mit dieser speziellen Anlage angepasste Rahmenbedingungen zentral sind damit es ihm und den Bezugspersonen gut geht: Geben Sie klare Anweisungen für eine Aufgabe, helfen Sie bei Bedarf Schritt für Schritt. Sorgen Sie für Routineabläufe und Regeln. Schauen Sie dem Kind bei Anweisungen in die Augen und versichern Sie sich, dass alles verstanden wurde. Setzen Sie realistische Ziele. Beobachten Sie, wo im Alltag kleine Hilfestellungen notwendig sind. Fördern und unterstützen Sie Begabungen.

An Grenzen stoßen

Ich selbst habe erlebt, dass mich der Erziehungsalltag überfordert hat. Ließ sich eines der Kinder gerne und oft an der Hand halten, entzog sich ein anderes unter Protest. So ist die Wirklichkeit. Vieles ist oft anders, als es im Ratgeber beschrieben ist.

Sie haben vielleicht auch mehr als ein Kind und jedes Kind ist anders. Manchmal sind sie so unterschiedlich wie Tag und Nacht. Wie soll das gehen?

Kinder, welche eine Beeinträchtigung in der Wahrnehmungsverarbeitung haben, sind in punkto Selbstvertrauen und damit in Sachen Belastbarkeit besonders gefährdet. Deshalb muss ihnen besondere Beachtung geschenkt werden.

Unverständliche Reaktionen des Kindes und daraus folgende stressige Situationen bringen Erziehungsverantwortliche manchmal zur Verzweiflung. Die ganze Familiensituation wird durch ein Kind, dessen Wahrnehmungsentwicklung unausgeglichen oder verzögert ist, belastet. Kinder zu erziehen und zu begleiten ist ohnehin eine sehr anspruchsvolle Aufgabe, aber sie wird durch die Tatsache erschwert, dass man in einer solchen Situation oft selbst überfordert ist. *Bin ich zu streng oder bin ich zu nachgiebig?* So fragt man sich.

Kinder mit einer auffälligen Wahrnehmungsentwicklung fallen vor allem in der spezifischen Reizverarbeitung auf. Die Empfindlichkeit und die Empfindsamkeit sind dadurch stärker ausgeprägt. Das Kind reagiert nicht nur auffällig auf äußere Reize, wie Lärm, Licht, Chaos, Übermüdung und das Wetter, sondern auch auf die Lautstärke und Spannung unserer Stimme und der Körpersprache. In der Interaktion sind immer folgende Themen beteiligt: Intensität, Reiz, Druck, strukturelle Themen, wie sich umstellen oder auf etwas einstellen, aufhören und beginnen oder eine Reihenfolge beachten zu müssen. Es geht tatsächlich vor allem um eine verkürzte Spanne der Aufmerksamkeit: Das Kind hört zu oder beschäftigt sich, aber nach kurzer Zeit kommt ein neuer Impuls, ein neuer Gedanke. Unsicherheiten und Irritationen können die Folge sein. Es geht dann darum, das Kind immer wieder sanft zur eigentlichen Aufgabe zurückzuführen.

Erziehungsverantwortliche können das Kind unterstützen, indem sie ihm anstelle langer Erklärungen und Vorgaben kurze Anweisungen geben: »Du kannst jetzt deine Jacke vom Haken nehmen, sie anziehen und dann zu mir kommen.« Geben Sie dem Kind kleine Tipps als Hilfe zur Selbsthilfe: »Dreh deinen Schuh mal um, vielleicht hast du den linken und dem rechten verwechselt.« Achten Sie auf die Art der Kommunikation, wie beschrieben.

Manchmal reagieren Kinder so, wie wir es nicht erwarten. Dazu kann gehören, dass vor allem kleine Kinder Spielsachen kaputt machen, weil ihre Kraftanpassung nicht fein abgestimmt werden kann, oder sie reagieren mit Opposition, wenn sie aus irgendeinem unbestimmten Grund verunsichert sind.

Hochsensible Kinder riechen oder schmecken intensiv oder sie verweigern enge Kleider sowie Materialien die sie als störend empfinden und reagieren dem entsprechend mit starken Abwehrreaktionen.[96] Das Kind wirkt, wie wir es meist beschreiben, intelligent, und doch funktionieren gewisse Dinge nicht so wie gewohnt. Damit die Belastbarkeit in dieser erschwerten Situation trotzdem gestärkt werden kann, ist es sinnvoll, sich über die besonderen Bedürfnisse und Hilfestellungen zu informieren und sich mit einer Fachperson auszutauschen.

Zauberwort Abgrenzung

Erziehungsverantwortliche reagieren emotional. Das ist normal, aber das erschwert vieles. Besonders, wenn auch Erziehungsverantwortliche selbst sehr sensibel sind, kommen sie bald einmal an die Grenzen. Ablenkung kann hilfreich sein (»Hast du eigentlich den Apfel schon gegessen, den ich dir hingelegt habe?«) oder aber sie formulieren, was gerade passiert ist (»Du bist jetzt wütend, dass das jetzt nicht geht.«)

Manche Menschen verfügen über die Begabung, sich in ihre Kinder hineinzufühlen. Sie lesen ihnen alle Wünsche von den Augen ab. Ein Wort genügt, man ist zur Stelle. Die Schattenseite dieser Begabung ist die fehlende Abgrenzung. Diese Menschen identifizieren sich so stark mit ihrem Kind, dass sie mitleiden. Mitgefühl zu haben ist gut, aber Mitleid zu haben ist ungünstig und belastend für alle Beteiligten. Das ist auch manchmal der Grund, weshalb es für diese Personen kaum möglich ist, dem Kind etwas abzuschlagen. Es wäre überlegenswert, über diesen Schatten zu springen, indem man eine Beratungsstelle aufsucht. Nur aus Distanz kann man entscheiden, wie man ein Problem lösen möchte, darum sollte man impulsivem Handeln vorbeu-

96 Vgl. https://www.netdoktor.ch/krankheiten/hochsensibilitaet/

gen: STOPP! Sie atmen einen Augenblick tiefer oder zählen bis drei, schon kann man aus Distanz heraus gezielter handeln. Treten Sie in der akuten Situation einen Schritt zurück, sprechen Sie langsamer, leiser, sachlicher. Die innere Hektik ist am schwierigsten zu bekämpfen. Lassen Sie die Schultern sinken und sagen Sie: »Langsam. Schritt für Schritt.« Ist man selbst impulsiv, ist das eine große Herausforderung und es wird nicht immer klappen.

Ein Anti-Stressprogramm kann Wunder wirken. Setzen Sie sich einmal am Tag entspannt hin. Lenken Sie den Atem bewusst. Atmen Sie beispielsweise dreimal durch die Nase ein und durch den Mund sechsmal aus. Schweifen die Gedanken weg, lenken Sie die Aufmerksamkeit wieder zurück auf den Atem. Es ist hilfreich, wenn man Techniken beherrscht, die dazu beitragen, in schwierigen Situationen die Ruhe zu bewahren. Mit dem Wunsch, alles gut zu machen, setzen Erziehungsverantwortliche sich selbst unter Druck.

Besteht ein Problem, sollte dieses nicht die Eltern in den Griff bekommen, sondern die Eltern sollten das Problem in den Griff bekommen! Unsicherheit und Unzufriedenheit mit einer Situation sind für alle Beteiligten nervenraubend.

Stress abbauen

Wer immer nur funktioniert, entzieht sich dem Abenteuer des Lebens. Es folgen einige Tipps, wie man am besten mit Stress umgehen kann.

Ruhe und Achtsamkeit

Entspannung ist nicht nur für die Erziehungsverantwortlichen, sondern auch für die Kinder notwendig.[97] Kinder brauchen viel Bewegung. Die sogenannten hyperaktiven Kinder springen, tanzen, bewegen sich allgemein besonders gern. Die Bewegung korrespondiert mit der inneren Sprunghaftigkeit.

97 Vgl. https://www.familienleben.ch/gesundheit/schoen-fit/entspannungsuebungen-fuer-kinder-2245

Aber Achtung! Ich begleite seit vielen Jahrzehnten Kinder mit besonderen Begabungen und Bedürfnissen und habe festgestellt, dass Entspannungs- oder Konzentrationsübungen sehr viel zum Ausgleich beitragen. Es ist eine Herausforderung, für Kinder mit ADHS solche Sequenzen der Ruhe und des sich Einlassens zu gestalten. Sie müssen Geduld haben: Es geht einige Zeit und braucht eine konsequente ruhige Führung, bis sich Kinder mit einem solchen Syndrom entspannen können.

Ich wähle Malen (Mandalas sind bei Groß und Klein oft beliebt), Töpfern, Kneten, Gestalten und dazu läuft leise Musik. Die ersten Minuten sind schwierig.

Die Kinder fragen: »Wann ist es zu Ende, wann kann ich weg?« Ich selbst bleibe ruhig und vereinbare mit ihnen, dass man während dem Malen oder Basteln nicht spricht. Wenn die Kinder zu sprechen beginnen, lege ich den Finger behutsam auf meinen Mund.

Wenn Sie die Anfangsschwierigkeit durchstehen, kommen die Kinder tatsächlich zur Ruhe und sind wie ausgewechselt. Die Struktur und eine bedingungslose Unterstützung sind notwendig, damit diese Kinder solche Momente erleben können.

Beim Lernen ist es etwas anders: Die Kinder haben eine kurze Konzentrationsspanne. Ein Signal, ein Hinweis kann helfen, das Kind wieder auf die Fährte zu bringen.[98]

Wir erleben täglich die Hetze, die Überflutung, die Anspannung, den Drive. Irgendwie kann es auch bis zu einem gewissen Grad Spaß machen, »im Schuss« zu sein. In Spannung zu leben kann süchtig machen und ein Entzug kann sich als schwierig erweisen.

Die elektronischen Geräte, die Mobilität, die Technik, die alles immer schneller machen. Die Beschleunigung ist attraktiv bis zu dem Punkt, wo nicht mehr wir sie, sondern sie uns im Griff hat.

---

98 Vgl. https://www.mit-kindern-lernen.ch/adhs-lernstoerungen/ads/247-kinder-mit-ads-adhs-konzentrieren-sich-anders

Entspannungsmöglichkeiten

Es gibt viele Möglichkeiten, wie man entspannen kann. Yoga ist der Klassiker unter den Anti-Stress-Sportarten, doch es gibt weitere Möglichkeiten:

- Qigong
- Progressive Muskelentspannung
- Spazieren gehen und wandern
- Schwimmen
- Malen, töpfern
- Handarbeiten
- Gartenarbeit
- Kochen und backen
- Tanzen
- Singen
- Musik hören
- Spiel und Bewegung

Ein Haustier kann wunderbar von zu viel Stress oder dem Gebrauch elektronischer Geräte ablenken. Besonders wenn es um einen Hund geht, ist der tägliche Auslauf zum Verschnaufen geeignet. Tiere können auch stressabbauend und ausgleichend wirken.

Wir empfinden zudem den Aspekt der Berührung auch als eine Möglichkeit zur Bewältigung von Ängsten und es beinhaltet das Sorgen für jemanden, was Verantwortung bedeutet.

Fit für die Zukunft

Wenn ich wüsste, dass morgen die Welt unterginge, würde ich heute noch ein Apfelbäumchen pflanzen.

Martin Luther zugeschrieben[99]

Balance suchen

Eine Balance zwischen Freiheit und Struktur zu finden ist nicht einfach und eine dauernde Herausforderung. Man passt die Rahmenbedingungen permanent an: Einmal muss der Rahmen durch angepasste Regeln etwas enger gestaltet werden, dann wieder kann man lockern und den Spielraum vergrößern. Dies wird mit dem Kind zusammen besprochen und eine Lösung gesucht, die für beide Teile stimmig ist.

In diesem Zusammenhang sehe ich das Bild eines Seiltanzkünstlers: Er muss ständig korrigieren, austarieren. Er fällt auch mal runter, aber versucht sich zu optimieren. Es gibt auch den Zauberer, zum Beispiel, wenn man Negatives in Positives verwandelt oder wenn er aus dem Hut etwas Unerwartetes zaubert. Es geht um Lebenskunst.

Die Autonomie des Einzelnen in Bezug auf den Körper, die Psyche, den Geist und die Seele ist für mich das wichtigste Thema in der Zielsetzung. Kinder erleben auch immer wieder Schmerz, Trauer und Verlust. Wenn man ihnen hilft, Traumen zu verarbeiten, werden sie stark. Sie erlangen mentale Stärke, Ausgeglichenheit, Autonomie und Selbstvertrauen.

Die Frage nach dem, was möglich ist

Es ist wahrscheinlich, dass wir in Zukunft den Gürtel enger schnallen müssen oder dies aus Umweltgründen freiwillig tun

99 https://www.luther2017.de/martin-luther/geschichte-geschichten/luther-und-das-apfelbaeumchen/index.html

wollen. Wenn die Kinder wissen, weshalb das so ist, dass wir gemeinsam etwas für eine lebenswerte Zukunft beitragen, werden sie es zumindest spüren, später verstehen und auch mittragen. Sie als Bezugspersonen sind nun ganz besonders gefragt. Aber aufgepasst: Gerade jetzt dürfen wir nicht vergleichen. Es finden sich ganz verschiedene Menschen im Zusammenhang mit Sparen und Verzichten. Man wird innerhalb der Familie Persönlichkeiten finden, welche von Natur aus bescheiden und sparsam sind. Andere haben eher ein Bedürfnis nach Fülle. Jede Person wird anders mit den aktuellen Herausforderungen umgehen. Das eine Kind friert und dem anderen ist noch warm genug. Man darf nicht vergleichen. Was das eine Kind kann, ist für das andere schwierig. Nehmen Sie das ernst, spiegeln Sie seine Wahrnehmung und beraten Sie zusammen, wie man das akute Problem lösen könnte.

Das Positive zu sehen, kreativ zu werden ist eine Überlebensstrategie. Mal ehrlich: Wir alle sehen das Glas doch mal halb leer und finden nicht alles so toll. Manches schmerzt einfach. Auf Luxus, der über die Jahre einfach so gekommen ist, zu verzichten, ist nicht so einfach. Manches macht Angst. Angst, die zum Teil auch berechtigt ist.

Manche Menschen verzichten heute schon freiwillig auf vieles, was der Umwelt schadet. Wird man, wie es aktuell und wahrscheinlich noch über längere Zeit sein wird, aus Rezessionsgründen gezwungen, auf Dinge zu verzichten, die man als notwendig erachtet, ist es eine große Herausforderung: Die Gefahr, dass man in die Opferrolle fällt oder mit Wut und Hass reagiert und Sündenböcke sucht, ist groß. Dies wäre für die Kinder und Jugendlichen in Bezug auf Belastbarkeit fatal: Sie erleben ihre Bezugspersonen als macht- und mutlos.

Unter Belastbarkeit verstehe ich, nicht alles erdulden zu müssen. Belastbarkeit zeigt sich, indem man einen kühlen Kopf bewahrt, wenn man sowohl physische als auch psychische Ressourcen mobilisieren kann, um auf objektiv einwirkende Stressfaktoren zu reagieren. Man analysiert, kalkuliert, sucht Wege, sucht Unterstützung. Natürlich ist das nicht einfach: Der Verlust ist da und trotzdem hilft es nicht, dem nachzutrauern, was nicht mehr geht. Diese Situationen finden wir übrigens nicht nur bei finanziellen Einschränkungen, sondern auch generell bei Verlusten aller Art, bei Krankheit, Unfall oder im Alter. Positiv ist: Wenn man offen ist, kann man bei einem Verlust nicht nur verlieren, sondern auch gewinnen. Das ist einfacher gesagt als getan. Aber es ist die einzige Möglichkeit, vorwärts zu schauen. Auch wenn es wirtschaftlich eher düster aussieht, muss das Leben aus diesem Grund nicht sinnlos werden – im Gegenteil! Es könnte ein Ansporn sein, konstruktiv aktiv zu werden. Ich habe zum Beispiel mein Auto verkauft, allerdings werde ich nun nicht aufzählen, was die Vor- und Nachteile davon sind. Es ist, wie es ist und ich muss Lösungen finden, was noch geht. Wenn wir weiter kommen wollen, sollten wir unsere Komfortzone manchmal verlassen. Dies kann auch bedeuten, freier zu werden.

Solidarität und Offenheit

Bezugspersonen sollten in diesem Zusammenhang mit den Kindern und Jugendlichen auch über die Bedeutung von Solidarität sprechen. Mein Verständnis von Solidarität bedeutet nicht, dass alle dasselbe tun oder lassen sollten, sondern im Gegenteil, dass trotz aller Verschiedenheit ein gemeinsamer Nenner gesucht und gefunden wird, damit man zu einem gemeinsamen Ziel kommt. Das gilt für die Familie, aber auch für das Zusammenleben generell. Das Bild am Anfang ist für mich ein gutes Beispiel.

Es ist nicht für alle Menschen einfach, sich auf neues einzulassen und fremdes nicht als Gefahr zu interpretieren. Erziehungsverantwortliche sollten darauf achten, dass die Kinder und Jugendlichen in dieser Beziehung offen sein können, denn sie sind noch unvoreingenommen.

Ich bin einmal mit dem Zug zu meiner Schwester gereist. Gegenüber saß ein Mann, der aus Afrika hätte stammen können.

Alle Plätze waren besetzt. Eine Frau mit zwei Kindern stieg zu. Eines der Mädchen setzte sich neben mich. Das andere kleine Mädchen schaute scheu zu mir, dann zu diesem Mann.

Die Mutter sagte: »Du kannst dich dorthin setzen.«

Zögerlich setzte sich das Mädchen hin und der Mann sagte in gebrochenem Deutsch: »Schön, ich bekomme eine Freundin.« Das Eis war gebrochen und das Kind lächelte den fremden Mann erleichtert an.

Manchmal ist es gut, etwas über den Tellerrand zu schauen: Ich habe unlängst in einer Sendung einen Bericht über die NASA gesehen und wieder einmal mehr gedacht: *Unsere Erde ist so winzig klein im All.* Bei uns dreht sich vieles um unseren Bauchnabel. Die Technik ermöglicht es uns, auf den Mars und ins All zu fliegen.

Die Rezession und die Energieprobleme werden zu neuen Innovationen führen. Trotz aller Bedenken, trotz pessimistischer Gedanken um unserer Kinder willen darf es nicht passieren, dass wir gleichgültig werden, die Probleme nicht hören, nicht sehen wollen. Es braucht immer die Hoffnung und die Kraft der Bezugspersonen, um den Kindern und Jugendlichen Mut zu machen.

Unsere Kinder und Jugendlichen haben große Chancen, morgen Dinge zu erfinden, die man heute nicht für möglich hält. Sie sollten positive Signale erhalten, um Visionen zu entwickeln. Sie sollten daran glauben können, dass sie alles verändern können. Sie sollen nicht leiden und auch nicht toben. Sie sollen nicht in eine Opfer- oder Täterrolle fallen! Belastbarkeit zu lernen ist vielschichtig: Belastbar sind Kinder und Jugendliche, die über ein gesundes Selbstwertgefühl verfügen. Belastbarkeit zeigt sich im richtigen Umgang mit Stress. Es geht nicht darum, Druck und Stress einfach nur zu ertragen, sondern diese zu verarbeiten. Setzen Sie sich mit ihren Kindern für Verbesserungen ein, anstatt gegen etwas zu demonstrieren. Denn nur, wenn man konstruktive Lösungen einbringt oder diese unterstützt, können wir uns positiv verändern.

Belastbarkeit bedeutet auch, Rückschläge verkraften zu

können. Wenn etwas nicht geklappt hat, kann man es einfach bleiben lassen und sich damit abfinden. Man sollte sich aber besser aufrappeln und neu beginnen. Belastbarkeit hilft, Widerstände zu überwinden. Jeder kann versuchen, Problemen aus dem Weg zu gehen, doch ist dies nicht nur ein Zeichen von fehlender Belastbarkeit, sondern führt auch dazu, dass sich diese nicht entwickeln kann. Damit unsere Kinder und Jugendlichen belastbar sind und mutig und zuversichtlich in die Zukunft blicken können, sollten sich nicht nur Erziehungsverantwortliche in der Familie, sondern auch die Bildungspolitiker grundsätzlich über die Bedürfnisse von Kindern und Jugendlichen nicht nur Gedanken, sondern auch Anpassungen machen!

Fit für das Leben – Fit für die Zukunft

Checkliste Belastbare Kinder und Jugendliche

- Definieren Sie Ihre Rolle als Führungsperson mit Leadership
- Verfolgen Sie das Ziel: Belastbare Kinder für eine gesunde Psyche
- Achten Sie auf Self Care (»Selbstfürsorge«), auf das eigene Wohlbefinden
- Passen Sie Formen des Zusammenlebens und Themen dem Alter des Kindes an
- Nehmen Sie sich Zeit für Ihr Kind und bauen Sie eine Beziehung auf
- Zeigen Sie Interesse für seine Themen
- Vergewissern Sie sich Ihrer Beziehung zu Ihrem Kind jeden Tag
- Beachten Sie die individuellen Bedürfnisse, Begabungen und Einschränkungen
- Sorgen Sie dafür, dass Ihr Kind weder unter- noch überfordert ist
- Kommunizieren Sie wertschätzendend und klar
- Vermitteln Sie Werte in Form von Erlebnissen, Kunst, Natur, Gesprächen und Geschichten
- Schützen Sie ihr Kind vor schlechten Einflüssen und traumatisierenden Bildern
- Unterstützen Sie das Kind bei einer Aufgabe, einem Hobby
- Machen Sie das Kind für die Benutzung der Medien fit
- Steuern Sie den Medien-Konsum
- Haben Sie ein Auge auf die Inhalte, die Ihr Kind im Netz konsumiert
- Legen Sie wenige, aber verbindliche Regeln fest
- Vergewissern Sie sich, dass die Regeln verstanden und akzeptiert werden
- Planen Sie mit dem und für das Kind Freiräume mit Bewegung, Spiel und Gestaltungsmöglichkeiten

- Ermöglichen Sie Erlebnisse und Erfahrungen mit Dingen und Menschen.
- Sprechen Sie über Gott und die Welt
- Helfen Sie Ihrem Kind, mit Lust und Frust konstruktiv umzugehen
- Setzen Sie sich mit Ihren Kindern an den Tisch und suchen Sie gemeinsam nach Lösungen, wenn Probleme auftauchen
- Lassen Sie das Kind altersgemäß an den Themen der Welt teilnehmen
- Erklären Sie dem Kind, dass es eine Vielfalt von Lösungen, Ansichten und Lebensweisen gibt
- Packen Sie ihr Kind nicht in Watte
- Machen Sie dem Kind Mut bei herausfordernden Aktivitäten
- Umarmen Sie ihr Kind und zeigen Sie ihm, dass Sie da sind, was auch immer passiert

Aus einer Denkschrift eines Kindes (Internationale Studygroup Nov. 1963)

Verwöhne mich nicht allzu sehr. Ich weiß, dass ich nicht immer alles haben sollte, worum ich bitte. Ich versuch es nur. Hab keine Angst, etwas streng mit mir zu sein. Es ist mir lieber, wenn ich weiß, woran ich bin. Sei nicht inkonsequent, das verwirrt mich und ich versuche, meinen Willen durchzusetzen. Mache keine Versprechungen, die du nicht einhalten kannst. Das würde mein Vertrauen beeinträchtigen.

Rege dich nicht allzu sehr auf, wenn ich sage: »Ich hasse dich!« Ich meine es nicht so, aber wir müssen etwas klären. Tu nichts für mich, was ich auch selber tun kann, denn sonst habe ich das Gefühl, ein Baby zu sein. Spreche nicht während einer Aufregung mit mir. Lass es uns später tun. Lass mich Fehler machen, damit ich daraus lernen kann.

Hilf mir, ehrlich zu sein, indem ich keine Angst haben muss, die Wahrheit zu sagen. Schütze mich nicht vor unangenehmen Folgen von Dingen, die ich selbst entschieden habe. Ich muss aus Erfahrungen lernen. Sei für mich da, wenn ich Fragen habe, und gib mir eine ehrliche Antwort. Denke daran, dass ich vom Beispiel mehr lerne als von vielen Worten.[100]

100Vgl. https://www.ipersonic.de/blog_files/22-Wuensche-von-deinem-Kind-an-dich.html

Weitere Bücher von Ursula Häberli-Nef

Ursula Häberli-Nef

Lesen macht sich bezahlt

1. Auflage
136 Seiten, 12,80 EUR
ISBN: 978-3-86317-055-4

Die PISA-Studie lässt aufhorchen: Beim Lesen und Verstehen gibt es seit einigen Jahren schlechte Resultate für die deutschsprachigen Schülerinnen und Schüler. Doch werden diese Fähigkeiten im Zeitalter der digitalen Medien überhaupt noch benötigt?
Ja, sagt die Autorin, die schon als Erzieherin und schulische Heilpädagogin tätig war und bereits einige Ratgeber zum Thema »Erziehung« veröffentlicht hat. Lesen ist das Fundament der Bildung und nicht nur ein wichtiges Element in der Persönlichkeitsentwicklung, sie eröffnet auch bessere Berufschancen. Doch welche Maßnahmen sollte man ergreifen, um eine Verbesserung der Lesekompetenz bei Kindern zu erzielen? Lesen Sie in diesem Buch, warum sich Lesen wirklich bezahlt macht!

Weitere Bücher von Ursula Häberli-Nef

Ursula Häberli-Nef

Geduldet

90 Seiten, 12,00 EUR
ISBN: 978-3-86317-058-5

Sie alle leben als Flüchtlinge in Europa: Nasrim und Amar aus dem Iran, Tensing aus dem Tibet, Abdullah, Merhawi und Samir aus Eritrea … Sind sie integriert?
Den Begriff Integration kennen alle, immerhin lesen und hören wir seit Jahren, wie wichtig Integration sei. Aber was heißt das konkret? Wer soll sich wann und wie integrieren und wer entscheidet, wer sich integrieren darf oder soll, ob jemand nun integriert ist oder auch nicht?
Ursula Häberli-Nef setzt sich in der inhaltlichen Fortsetzung ihres 2020 erschienenen Buches »Ausgeliefert« mit der Utopie einer Willkommenskultur auseinander, die nun – mehr als fünf Jahre nach dem vermeintlichen Höhepunkt der sogenannten »Flüchtlingskrise« immer offensichtlicher wird.